クイズでスポーツがうまくなる

知ってる？ソフトボール

はじめに

真剣《しんけん》にやるからこそ楽《たの》しい みんなで勝《か》つ喜《よろこ》びを味《あじ》わおう

みなさん、ソフトボールは楽《たの》しいですか？　私《わたし》は、自分《じぶん》の出身《しゅっしん》チームである「横須賀女子《よこすかじょし》」の監督《かんとく》をやっていますが、楽《たの》しくて仕方《しかた》がありません。なぜなら友《とも》だちとワイワイ遊《あそ》んでいるときの楽《たの》しさとは違《ちが》う、真剣《しんけん》に挑《いど》む楽《たの》しさがあると思《おも》うからです。一生懸命《いっしょうけんめい》にやるからこそ、悔《くや》しさや勝《か》ったときの喜《よろこ》びが生《う》まれるのです。

よい結果《けっか》が出《で》るのも楽《たの》しみの一《ひと》つだと思《おも》います。そのためには、練習《れんしゅう》の積《つ》み重《かさ》ねが大切《たいせつ》です。そして、「なぜこの練習《れんしゅう》をするのか」がわかると、納得《なっとく》してやる気《き》も出《で》ますから、疑問《ぎもん》に思《おも》ったことは監《かん》督《とく》やコーチ、先輩《せんぱい》など周《まわ》りの人《ひと》にどんどん聞《き》いてほしいと思《おも》います。

私《わたし》は小学生《しょうがくせい》からソフトボールをはじめ、社会人《しゃかいじん》の日本《にほん》リーグまで経験《けいけん》しましたが、「全国優勝《ぜんこくゆうしょう》したい」という夢《ゆめ》を叶《かな》えるために厳《きび》しい練習《れんしゅう》も乗《の》りこえてきました。そのおかげでたくさん成長《せいちょう》できました。みなさんも大《おお》きな夢《ゆめ》をもって、ソフトボールを楽《たの》しんでほしいと願《ねが》っています。この本《ほん》が夢《ゆめ》を叶《かな》える手助《てだす》けになればうれしいです。

齊藤《さいとう》優《ゆ》季《き》

この本《ほん》の使《つか》いかた

この本《ほん》では、ソフトボールをするときに、みなさんが疑問《ぎもん》に思《おも》うことや、うまくなるためのコツ、練習《れんしゅう》のポイントなどをクイズ形式《けいしき》で紹介《しょうかい》していきます。初級《しょきゅう》から上級《じょうきゅう》まで、問題《もんだい》レベルが一目《ひとめ》でわかるようになっています。ぜひ、上級問題《じょうきゅうもんだい》にも答《こた》えられるように挑戦《ちょうせん》してみてください。

ぼくが大切《たいせつ》なポイントを解説《かいせつ》するよ

この本《ほん》のキャラクター
ソフトボールちゃん

問題《もんだい》と答《こた》えのマークについて

問題
初級
上級
00
中級

クイズのマークです。
初級《しょきゅう》、中級《ちゅうきゅう》、上級《じょうきゅう》
に分《わ》かれています

00の答《こた》え

クイズの解答《かいとう》です

そのほかのマークについて

ヒント
hint

[ヒント]

問題《もんだい》のヒントです。問題《もんだい》がむずかしいときは見《み》てください

?
なんで

[なんで?]

正解《せいかい》の理由《りゆう》、疑問《ぎもん》に思《おも》うポイントをくわしく解説《かいせつ》しています

PO!NT

[ポイント]

実際《じっさい》のプレーで生《い》かせるワンポイントアドバイスです

トライ!

[トライ]

実際《じっさい》のプレーに生《い》かすために、やってみてほしい練習《れんしゅう》です

[用語説明《ようごせつめい》]

ソフトボールの専門用語《せんもんようご》などを解説《かいせつ》しています。用語《ようご》は140ページのさくいんでも調《しら》べられます

OK!

[OK] 動作《どうさ》やプレーのいい例《れい》です

NG!

[NG] 動作《どうさ》やプレーの悪《わる》い例《れい》です

もくじ

問題番号の上にある
マークは、各問題の
難易度を示しています

初 …初級
中 …中級
上 …上級

はじめに……2
この本の使い方……3

第1章 基本からはじめよう

- 初 Q01 ボールを果物の大きさにたとえると?……9

第2章 投げる・捕る基本

- 初 Q02 何人が守備につくでしょう?……13
- 初 Q03 選手がつけていい背番号は?……15
- 初 Q04 ピッチャープレートからホームまで何メートル?……17
- 初 Q05 一塁ベースにオレンジ色のベースがあるのはなぜ?……19
- 初 Q06 正しいボールの握り方はどれ?……23
  - トライ! 人さし指と中指でリリース……25
  - トライ! 肩の準備体操・ストレッチ①……26
- 初 Q07 投げるときの手の動きのイメージは?……27
  - トライ! 真下投げ……30
  - トライ! 「面」を覚える……31
- 初 Q08 よい捕球姿勢はどれ?……33
  - トライ! 4方向キャッチボール……34
  - トライ! 肩の準備体操・ストレッチ②……35
  - トライ! 腕の準備体操・ストレッチ……36

第3章 ピッチングをしてみよう

- Q09 ピッチングの「ウィンドミル」の意味は？ 〔初〕 ... 39
- Q10 ピッチングのトップをつくるイメージは？ 〔初〕 ... 43
- Q11 腕を振り下ろしたときにヒジを腰に当てる？ 〔中〕 ... 45
- Q12 当てない？ 〔上〕 ... 47
- Q13 投球したら反則に！ なぜ？ 〔上〕 ... 51
- 第4章 打撃の基本を覚えよう
- ストライクが入らないのはなぜ？ ...
- Q14 正しいバットの握り方は？ 〔初〕 ... 57
- Q15 正しいかまえの手のイメージは？ 〔初〕 ... 59
- Q16 一番いい打ち方はどれ？ 〔初〕 ... 62
- Q17 インパクトの瞬間の腕の形は？ 〔中〕 ... 65
- Q18 トライ！ ラダートレーニング 〔中〕 ... 68
- Q19 ヒットを打ったのにアウトになった！ なぜ？ 〔初〕 ... 69
- Q20 三振したのに出塁できたのはなぜ？ 〔初〕 ... 71
- Q21 バッターボックスの中で走りながら打ってもいいの？ 〔初〕 ... 73
- この選手がうまくバントをできないのはなぜ？ ... 75
- トライ！ 手でキャッチ ... 77

第5章 守備の基本を覚えよう

- Q22 真正面のゴロを捕るときのグラブの位置は？ 〔初〕 ... 81
- Q23 左右のゴロは体のどこで捕る？ 〔初〕 ... 83
- Q24 ゴロ捕球でエラーをしないためには？ 〔中〕 ... 85
- Q25 フライ捕球の手の位置は？ 〔初〕 ... 87
- Q26 ゴロを捕球したあと、どこを中心に回転する？ 〔中〕 ... 89

中 Q29 外野《がいや》の頭《あたま》を越《こ》えるフライはどう捕《と》る？……97
トライ！ 片手《かたて》キャッチからバックホーム……99

第《だい》6章《しょう》 走塁《そうるい》を身《み》につけよう

初 Q30 正《ただ》しい一塁《いちるい》までの走《はし》り方《かた》は？……103
初 Q31 一塁《いちるい》ベースのどこを踏《ふ》む？……105
トライ！ なわとび……108
初 Q32 なぜスライディングをする？……109
トライ！ まずは座《すわ》ってスライディング！……110
中 Q33 ヘッドスライディングの動作《どうさ》のイメージに近《ちか》いのは？……111
トライ！ リターンスライディングで怖《こわ》さバイバイ……112
中 Q34 塁上《るいじょう》での正《ただ》しいかまえは？……113
上 Q35 一死《いっし》ランナー三塁《さんるい》でセンターフライが上《あ》がったらランナーはどうする？……115

第《だい》7章《しょう》 ルールを覚《おぼ》えて試合《しあい》をしよう

初 Q36 試合《しあい》は何回《なんかい》までやる？……119
中 Q37 どんなときにタッチプレーをしなければいけない？……121
上 Q38 代打《だいだ》を出《だ》されたら、自分《じぶん》は試合《しあい》に戻《もど》れる？……123
トライ！ バレーボール投《な》げで力強《ちからづよ》く投《な》げる練習《れんしゅう》……125
上 Q39 なぜボールがまだ空中《くうちゅう》にあるのに「アウト」のジャッジをされた？……127
上 Q40 ヒットを打《う》っていないのに出塁《しゅつるい》できるのはどんなとき？……129
上 Q41 一死二塁《いっしにるい》でショートゴロになったらどうする？……131
もっと上達《じょうたつ》するためのヒント……135
用語集《ようごしゅう》……140
おわりに……142

第《だい》 1 章《しょう》

基本《きほん》から はじめよう

大切《たいせつ》な基本《きほん》から覚《おぼ》えて もっとソフトボールを好《す》きになろう

まずは基本《きほん》を知《し》ろう 知識《ちしき》があるともっと楽《たの》しくなる

この本《ほん》を読《よ》んでいるのはソフトボールをやってみたい、もっとうまくなりたいと思《おも》っている人《ひと》が多《おお》いことでしょう。大切《たいせつ》な基本《きほん》を身《み》につけると、つまずくことが少《すく》なく上達《じょうたつ》も早《はや》くなります。

ソフトボールは野球《やきゅう》に似《に》た競技《きょうぎ》で、攻撃《こうげき》（打《う》つ）、守備《しゅび》（投《な》げる・捕《と》る）、走塁《そうるい》（走《はし》る）、試合《しあい》でのルールなど覚《おぼ》えることはたくさんありますが、基本《きほん》から順番《じゅんばん》に頭《あたま》と体《からだ》を使《つか》って覚《おぼ》えていけば慣《な》れていきます。ソフトボールにしかないルールもあるので、覚《おぼ》えていきましょう。

まずはボールをさわる前《まえ》に、ルールや用具《ようぐ》などについて知《し》りましょう。知識《ちしき》があると、もっとソフトボールが楽《たの》しくなります。

問題《もんだい》01

初級《しょきゅう》

ソフトボールを果物《くだもの》にたとえると、どれくらいの大《おお》きさでしょう？

ちなみに、スイカは夏《なつ》が旬《しゅん》だね！
旬《しゅん》っていうのは食《た》べ物《もの》がおいしく
食《た》べられる時期《じき》のことだよ。
きみの好《す》きな食《た》べ物《もの》はいつが
旬《しゅん》かな？　調《しら》べてみよう！

1 グレープフルーツ

2 スイカ

3 キウイ

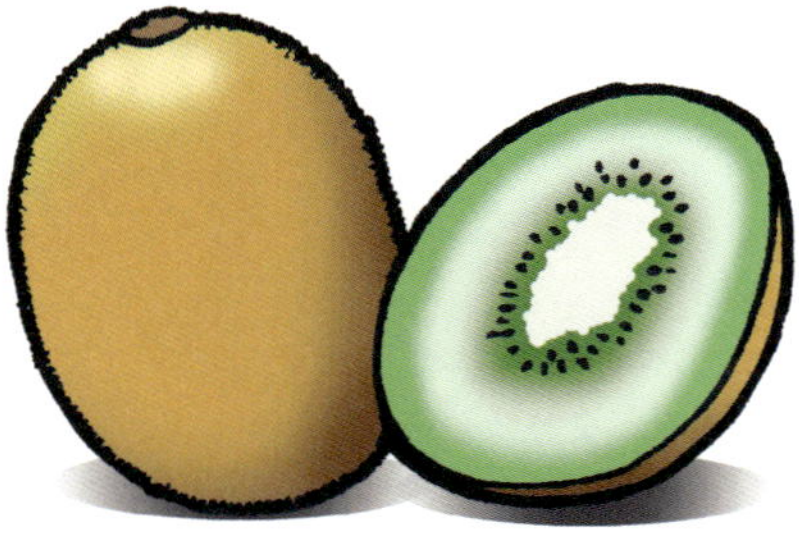

ヒント
hint

果物《くだもの》は品種《ひんしゅ》や時期《じき》などによって重《おも》さが変《か》わります。
ここでは大《おお》きさについて考《かんが》えてみましょう。

答《こた》えがわかったらページをめくってね

01の答《こた》え

1

グレープフルーツくらい

公式戦《こうしきせん》では
「JSA（日本《にほん》ソフトボール協会《きょうかい》）」の
検定《けんてい》マークが入《はい》っているものしか
使《つか》えないよ！　注意《ちゅうい》してね

▲左《ひだり》から順《じゅん》に１号球《ごうきゅう》、２号球《ごうきゅう》、３号球《ごうきゅう》（ゴム）、３号球《ごうきゅう》（革《かわ》）

なんで

直径《ちょっけい》が９センチ前後《ぜんご》だから

ソフトボールのボールは、４種類《しゅるい》あります。１号球《ごうきゅう》は直径約《ちょっけいやく》8.5センチ、重《おも》さ約《やく》141グラム。２号球《ごうきゅう》は直径約《ちょっけいやく》9.1センチ、重《おも》さは約《やく》163グラム。３号球《ごうきゅう》はゴム製《せい》と革製《かわせい》があり、どちらも直径約《ちょっけいやく》9.7センチ、重《おも》さ約《やく》190グラム前後《ぜんご》。小学生《しょうがくせい》は主《おも》に２号球《ごうきゅう》を使《つか》い、中学生以上《ちゅうがくせいいじょう》は３号球《ごうきゅう》を使《つか》います。

これ知《し》ってる？　バットも長《なが》さと重《おも》さの決《き》まりがある

バットも長《なが》さの違《ちが》いがあります。１号《ごう》バットは78.8センチ以内《いない》、２号《ごう》バットは81.3センチ以内《いない》、３号《ごう》バットは86.36センチ以内《いない》で、重《おも》さはどれも1.08キロ以内《いない》と決《き》まっています。ボールよりバットの号数《ごうすう》が大《おお》きくなってはいけません。２号《ごう》ボールに対《たい》し、１、２号《ごう》バットは使《つか》えますが、３号《ごう》バットは使《つか》えません。

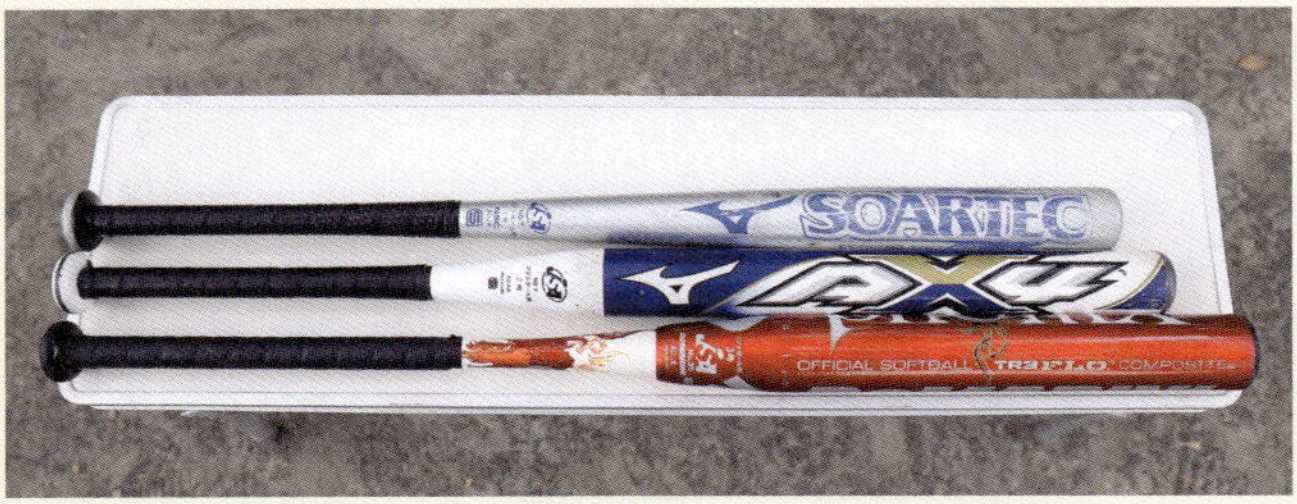
SOARTEC

▲上《うえ》から順《じゅん》に１号《ごう》バット、２号《ごう》バット、３号《ごう》バット

これ知《し》ってる？

守備《しゅび》によって異《こと》なるグラブ

グラブには、守備《しゅび》の特徴《とくちょう》に合《あ》わせて違《ちが》いがあります。厚《あつ》みがあるのはキャッチャーミット。小《ちい》さめで手《て》にフィットするグラブは、俊敏《しゅんびん》に動《うご》く内野手向《ないやしゅむ》け。外野手《がいやしゅ》には開《ひら》きやすく、指先《ゆびさき》が長《なが》めのものが好《この》まれます。打者《だしゃ》からボールを見《み》やすくするため、投手《とうしゅ》はボールと同《おな》じ色《いろ》のグラブを使《つか》えない決《き》まりがあります。

また、ミットが使《つか》えるのはキャッチャーとファーストだけです。ほかのポジションの選手《せんしゅ》は必《かなら》ずグラブを使《つか》ってください。

キャッチャーミット

内野《ないや》、外野《がいや》グラブ

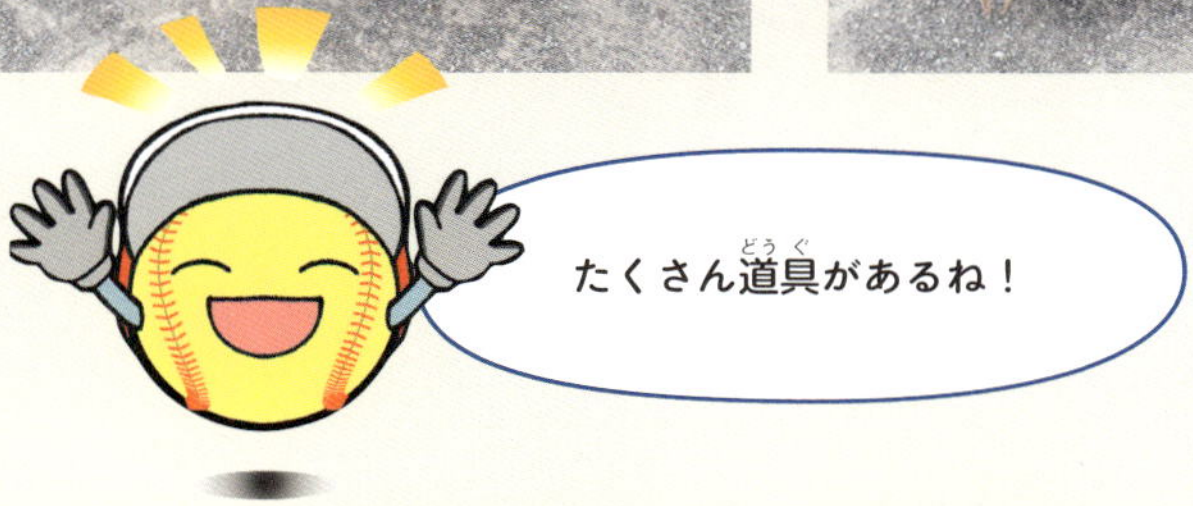

これ知《し》ってる?

大事《だいじ》な用具《ようぐ》あれこれ

試合《しあい》のとき、打者《だしゃ》、走者《そうしゃ》はヘルメットをかぶります。キャッチャーは、マスク、プロテクター、レガースをつけます。そのほか、どの選手《せんしゅ》もバッティンググラブやスライディングパッドなど体《からだ》を守《まも》る用具《ようぐ》があると便利《べんり》です。公式戦《こうしきせん》では、ボール、バット、ヘルメットは「JSA（日本《にほん》ソフトボール協会《きょうかい》)」の検定《けんてい》マークが入《はい》っているものしか使《つか》えないので注意《ちゅうい》しましょう。

▲スライディングパッド

▲バッティンググラブ

キャッチャーの防具《ぼうぐ》

問題《もんだい》 02

初級《しょきゅう》

ソフトボールは何人《なんにん》が守備《しゅび》につくでしょう?

ピッチャーと
キャッチャーと、
あとは……

1 6人《にん》

2 9人《にん》

3 11人《にん》

\ヒント/
hint

小学生《しょうがくせい》の内野《ないや》グラウンドの大《おお》きさは約《やく》280平方《へいほう》メートル(塁間《るいかん》16.76メートル×16.76メートル)です。これは6畳《じょう》の部屋《へや》が30個《こ》くらい入《はい》る大《おお》きさです。さらに外野《がいや》グラウンドもありますね。何《なん》人《にん》で守《まも》ればいいのでしょうか。

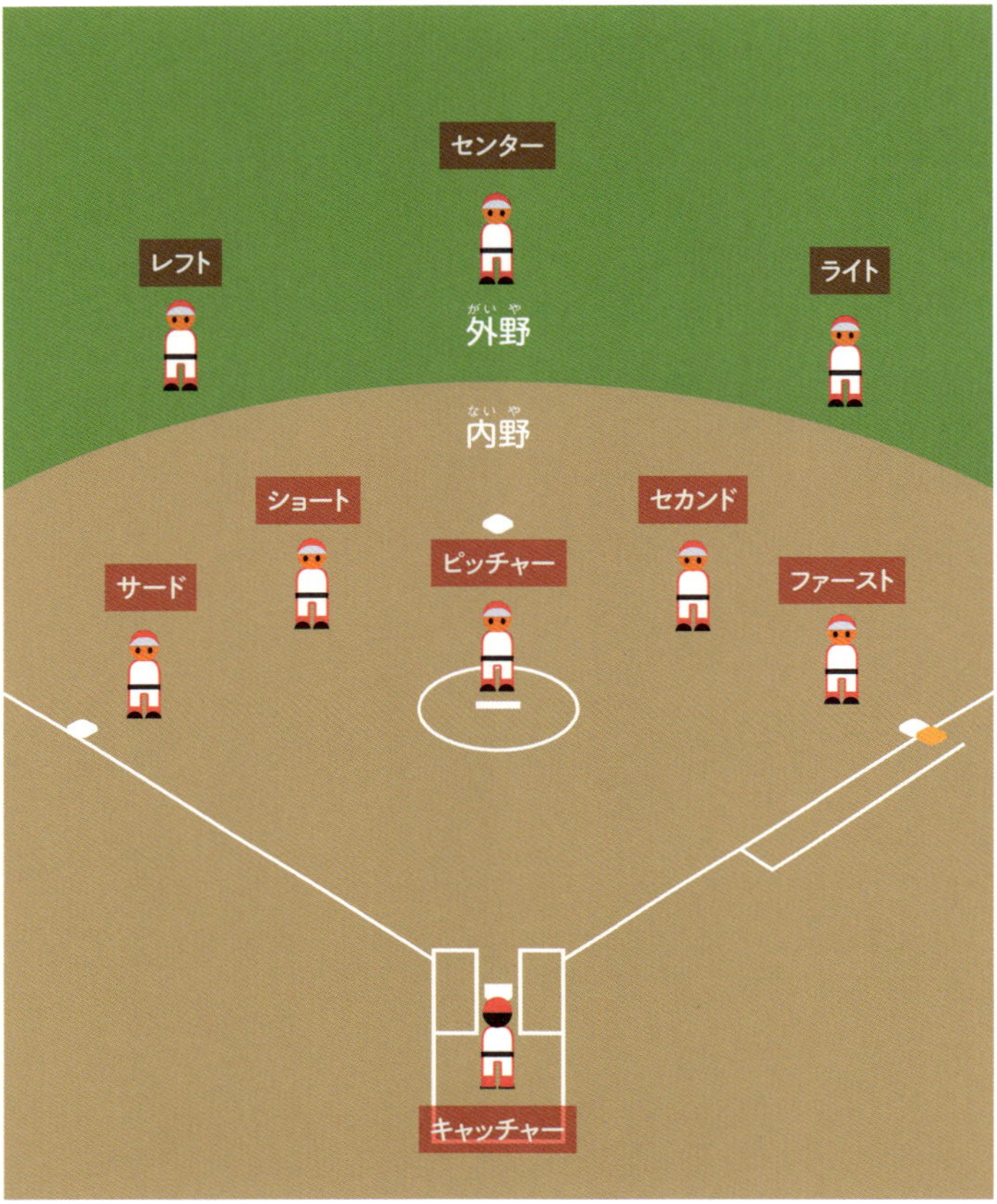

▲ピッチャー、キャッチャーのバッテリーと、ファースト、セカンド、サード、ショートの内野手《ないやしゅ》、レフト、センター、ライトの外野手《がいやしゅ》合《あ》わせて９人《にん》で守《まも》ります。

02の答《こた》え

▼

9人《にん》

打撃専門《だげきせんもん》の「DP」って何《なに》？

ソフトボールは途中《とちゅう》で選手《せんしゅ》を交代《こうたい》することができます。試合《しあい》で「DP」という打撃専門《だげきせんもん》のプレーヤーを使《つか》うこともできます。どの守備者《しゅびしゃ》の代《か》わりに打《う》つかは、試合前《しあいまえ》の打順表《だじゅんひょう》に書《か》かなければいけません。守備《しゅび》だけになるプレーヤーを「FP」といいます（くわしくは125ページ）。

これ知《し》ってる？

初心者《しょしんしゃ》もプレーしやすいミニソフトボール

やわらかいボールやバットを使《つか》うミニソフトボールは、ピッチャーが、打者《だしゃ》にとって打《う》ちやすい山《やま》なりのボールを投《な》げてプレーします。守備《しゅび》は10人《にん》。バントやデッドボールのルールがないのも特徴《とくちょう》です。

問題《もんだい》

03

初級《しょきゅう》

選手《せんしゅ》がつけていい背番号《せばんごう》はいくつでしょう？

1. 1～29と33～99まで
2. 0～200まで
3. 好《す》きな数字《すうじ》なら何番《なんばん》でもいい

\ヒント/
hint

高校野球《こうこうやきゅう》だと、「エースピッチャー(主力投手《しゅりょくとうしゅ》)」の多《おお》くは1番《ばん》をつけています。バスケットボールのキャプテンは必《かなら》ず「4」ですね。では、ソフトボールはどうでしょうか？

答《こた》えがわかったらページをめくってね

03の答《こた》え ▶ 1 1〜29と33〜99まで

「10」は主将《しゅしょう》の背番号《せばんごう》

「30」は監督《かんとく》の背番号《せばんごう》

なんで

選手《せんしゅ》は1〜99まで好《す》きな番号《ばんごう》を基本的《きほんてき》につけられるが主将《しゅしょう》が10、監督《かんとく》が30、コーチが31と32だから

ユニフォームは監督《かんとく》、コーチ、プレーヤーで同《おな》じチームカラー、デザインでなければいけません。ストッキングやソックスもユニフォームにふくまれます。ユニフォームの番《ばん》号《ごう》は背《せ》中《なか》と胸《むね》につけ、監督《かんとく》は30、コーチが31、32と決《き》められています。主将《しゅしょう》が10で、それ以外《いがい》のプレーヤーはこの4つを除《のぞ》き、1〜99の中《なか》からつけられます。

帽子《ぼうし》は必《かなら》ずかぶらなければいけない？

男子《だんし》は全員同《ぜんいんおな》じデザインの帽《ぼう》子《し》をかぶるルールがありますが、女子《じょし》はかぶっても、かぶらなくても問題《もんだい》ありません。アンダーシャツやスライディングパンツは、プレーヤーによって違《ちが》いがあってもいいのですが、チームで同色《どうしょく》のものと決《き》まっています。

問題《もんだい》 04

初級《しょきゅう》

投手《とうしゅ》のピッチャープレートからホームまでは何《なん》メートルでしょう?

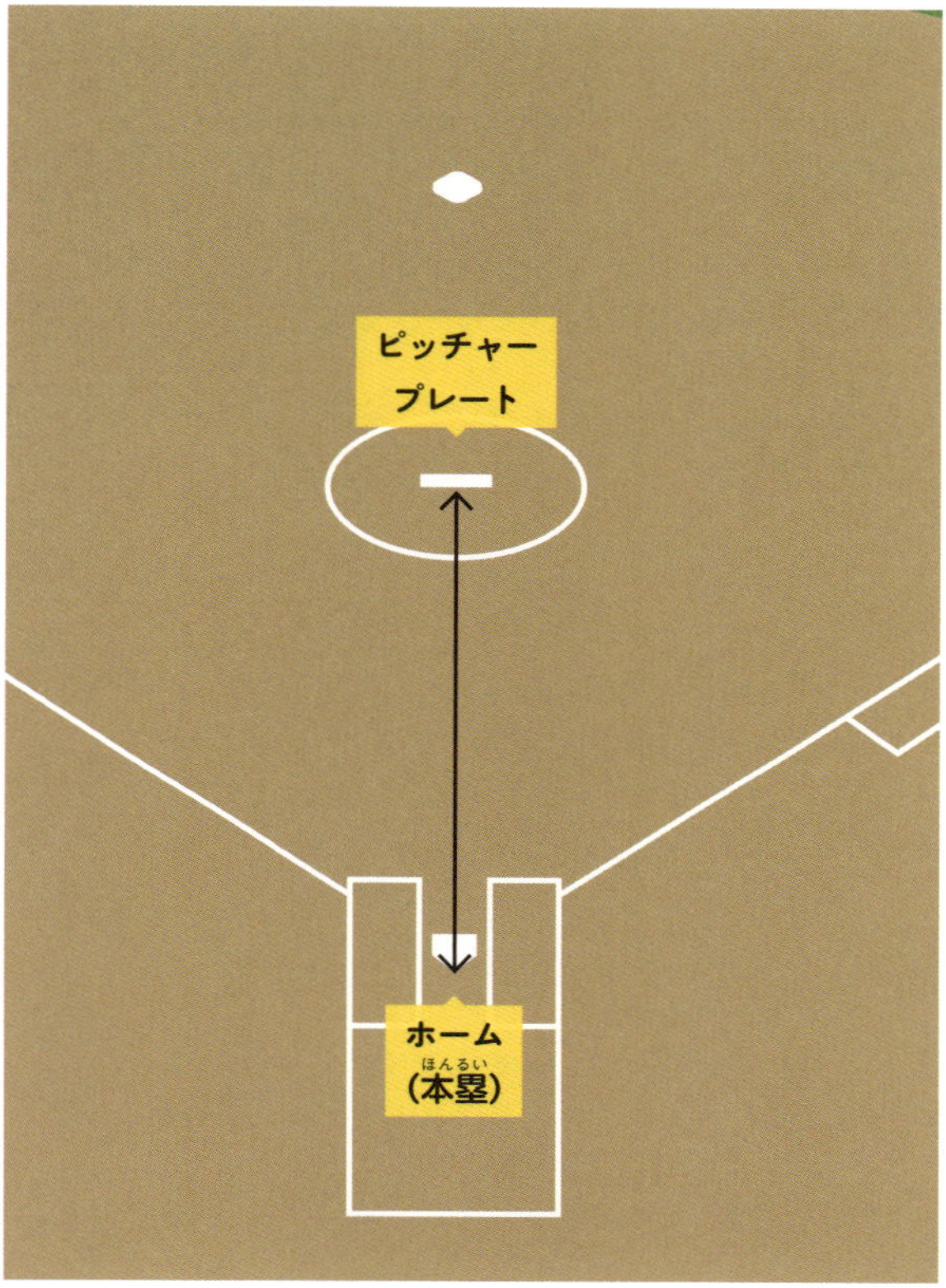

1. 4.67 メートル
2. 30.67 メートル
3. 10.67 メートル

＼ヒント／
hint

小学校《しょうがっこう》の教室《きょうしつ》にある黒板《こくばん》やホワイトボードは、横幅《よこはば》がおおよそ3～4メートルだといわれています。

答《こた》えがわかったらページをめくってね

04の答《こた》え

3

10・67メートル

なんで

公式《こうしき》ルールで定《さだ》められている

小学生《しょうがくせい》のピッチャープレートから本塁《ほんるい》までは10.67メートルです。女子《じょし》は中学生《ちゅうがくせい》になると12.19メートル、高校生以上《こうこうせいいじょう》は13.11メートルで、じょじょに投《な》げる距離《きょり》が長《なが》くなっていきます。中学生以上《ちゅうがくせいいじょう》の男子《だんし》は14.02メートルです。いずれもルールで決《き》まっています。

これ知《し》ってる？ 長《なが》さの感覚《かんかく》を覚《おぼ》えておこう

ベースの塁間《るいかん》は小学生《しょうがくせい》で16.76メートル。中学生以上《ちゅうがくせいいじょう》になると18.29メートルです。ダッシュの練習《れんしゅう》をするときも塁間《るいかん》の長《なが》さを意識《いしき》しておくといいでしょう。

フェアゾーンは両方《りょうほう》のファウルラインと本塁《ほんるい》から、外野《がいや》フェンスまで53.34メートル以上《いじょう》（ただし競技場《きょうぎじょう》によって特別《とくべつ》グラウンドルールが設《もう》けられることもあります）の円弧《えんこ》に囲《かこ》まれたエリアで、ファウルゾーンに打《う》つと2ストライクまでストライクにカウントされます。

バッターボックスは横《よこ》が0.91メートル、タテが2.13メートルです。バッターボックス内《ない》ならどこに立《た》ってもかまいません。

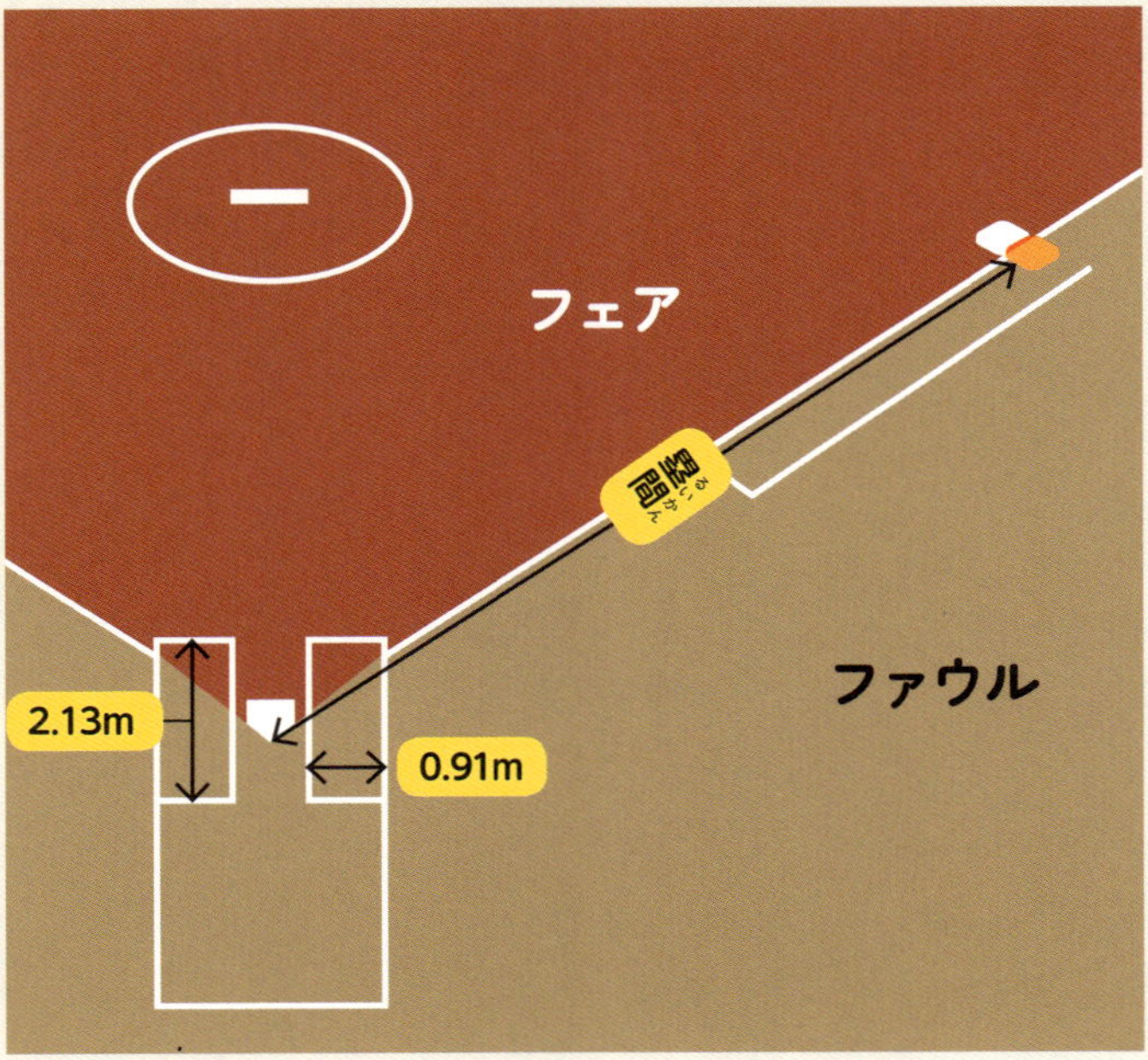

問題《もんだい》
初級《しょきゅう》
05

一塁《いちるい》ベースが二《ふた》つ並《なら》び一《ひと》つがオレンジ色《いろ》をしています。なんででしょう。

オレンジ色《いろ》のベースは「オレンジベース」と呼《よ》ぶよ

1 かわいくてやる気《き》が出《で》るから

2 打者走者《だしゃそうしゃ》と守備者《しゅびしゃ》がぶつからないように

3 審判《しんぱん》が見《み》やすいように

＼ヒント／
hint

ソフトボール独特《どくとく》のルールです。野球《やきゅう》とソフトボールの違《ちが》いの一《ひと》つでもあります。

答《こた》えがわかったらページをめくってね

05の答《こた》え

▼

2

打者走者《だしゃそうしゃ》と守備者《しゅびしゃ》がぶつからないように

なんで

一塁《いちるい》は、走者《そうしゃ》と守備者《しゅびしゃ》がよく使《つか》う塁《るい》だから

二《ふた》つのベースを並《なら》べたダブルベースは、打者走者《だしゃそうしゃ》と守備《しゅび》の接触《せっしょく》を避《さ》け、危険《きけん》なプレーを防止《ぼうし》するために設《もう》けられました。守備者《しゅびしゃ》はフェアゾーンにある白《しろ》ベースを使《つか》い、打者走者《だしゃそうしゃ》はファウルゾーンにある、オレンジベースを使《つか》います。打者走者《だしゃそうしゃ》が一度《いちど》オレンジベースを踏《ふ》んで走《はし》り越《こ》え、一塁《いちるい》に戻《もど》るときは白《しろ》ベースに戻《もど》らなければいけません。

これ知《し》ってる？　こんなときは、どっちのベース？

ヒットを打《う》ってオレンジベースを踏《ふ》んだけれど、二塁《にるい》もねらえそう。でも間《ま》に合《あ》いそうにないので戻《もど》るとき。このときは白《しろ》ベースに帰塁《きるい》します。

また、2ストライクからキャッチャーがボールを後《うし》ろにそらして「振《ふ》り逃《に》げ」が成立《せいりつ》した場合《ばあい》を考《かんが》えてみましょう。一塁側《いちるいがわ》のファウルゾーンから一塁《いちるい》へボールを投《な》げるケースでは、一塁《いちるい》でキャッチャーからボールを受《う》ける選手《せんしゅ》がオレンジベースを使《つか》います。打者走者《だしゃそうしゃ》は空《あ》いているほうの白《しろ》ベースを踏《ふ》むのです。これも打者走者《だしゃそうしゃ》と守備者《しゅびしゃ》がぶつからないための工夫《くふう》といえます。

第《だい》 2 章《しょう》

投《な》げる・捕《と》る 基《き》本《ほん》

守備《しゅび》がうまくなる土台《どだい》は 投《な》げる・捕《と》るの基本《きほん》から

キャッチボールは大事《だいじ》な練習《れんしゅう》 一《ひと》つひとつの動作《どうさ》をていねいに

基本《きほん》の正《ただ》しい投《な》げ方《かた》、捕《と》り方《かた》を身《み》につけると、守備力《しゅびりょく》が高《たか》まるだけでなく、ヒジや肩《かた》などのケガの防止《ぼうし》にもつながります。

キャッチボールは基本的《きほんてき》なことですが、大事《だいじ》な練習《れんしゅう》です。ボールを確《かく》実《じつ》にキャッチし、スムーズに投《な》げる体勢《たいせい》につなげ、体全体《からだぜんたい》を使《つか》ってねらったところへしっかり投《な》げる。ふだんから、おろそかにせずていねいに練習《れんしゅう》しましょう。

基本《きほん》の投《な》げ方《かた》・捕《と》り方《かた》がわかっていれば、だんだんと遠《とお》くまで投《な》げられるようになったり、むずかしいバウンドやフライも捕《と》れるようになったり、守備範囲《しゅびはんい》も広《ひろ》がっていきます。

まずはボールの握《にぎ》り方《かた》から、きそを覚《おぼ》えていきましょう。

問題《もんだい》06

初級《しょきゅう》

次《つぎ》のうち、正《ただ》しいボールの握《にぎ》り方《かた》はどれでしょう?

ヒント
hint

実際《じっさい》にボールを持《も》って確《たし》かめてみるとわかるかもしれません。

1 ボールを手《て》のひらにべったりつけて指《ゆび》5本《ほん》で握《にぎ》る

2 ボールと手《て》のひらにすきまを空《あ》けて指《ゆび》5本《ほん》で握《にぎ》る

3 べったりつけてもつけなくてもよいが指《ゆび》4本《ほん》で握《にぎ》る

06の答《こた》え

2

ボールと手《て》のひらにすきまを空《あ》けて指《ゆび》5本《ほん》で握《にぎ》る

なんで

小《ちい》さいうちは5本《ほん》。高学年《こうがくねん》に（手《て》が大《おお》きく）なったら3本《ぼん》に挑戦《ちょうせん》

小学生《しょうがくせい》はまだ手《て》が小《ちい》さいので指《ゆび》5本《ほん》を使《つか》い、指《ゆび》のはらでボールを持《も》ちます。しっかり握《にぎ》れるように、縫《ぬ》い目《め》に指《ゆび》をかけるクセをつけておきましょう。ボールと手《て》のひらの間《あいだ》には、すきまをつくります。べったりと手《て》のひらで持《も》ってしまうと手首《てくび》が動《うご》きにくくなってしまうからです。手《て》首《くび》のスナップがきくとボールが回転《かいてん》し「スピン」のかかった力強《ちからづよ》いボールになります。高学年《こうがくねん》になるにつれて手《て》が大《おお》きくなれば4本《ほん》、3本《ぼん》で握《にぎ》ってもいいですが、はじめのうちは指《ゆび》5本《ほん》を使《つか》って確実《かくじつ》にボールを握《にぎ》りましょう。

POINT

たたかれたらボールが落《お》ちる力加減《ちからかげん》で

ボールはぐっと力《ちから》を入《い》れて握《にぎ》らないこと。手首《てくび》はスナップをきかせるため、ブラブラと力《ちから》を抜《ぬ》いて柔《やわ》らかくしておきましょう。指先《ゆびさき》を下《した》にしてボールを持《も》ち、上《うえ》から手《て》の甲《こう》をたたかれたらボールが落《お》ちるくらいの力《ちから》で十分《じゅうぶん》です。

トライ! 人《ひと》さし指《ゆび》と中指《なかゆび》でリリース

回転《かいてん》がきれいで力強《ちからづよ》い球筋《たますじ》のボールを投《な》げるためには、最後《さいご》に指先《ゆびさき》でボールを押《お》し出《だ》すことが大切《たいせつ》です。多《おお》くの選手《せんしゅ》は人《ひと》さし指《ゆび》と中指《なかゆび》が一番《いちばん》力《ちから》を入《い》れやすいので、それらの指《ゆび》を使《つか》います。本当《ほんとう》にそうなのか、実際《じっさい》に試《ため》してみましょう。

親指《おやゆび》と人《ひと》さし指《ゆび》で輪《わ》っか

リリースする（球《たま》を放《はな》す）瞬間《しゅんかん》を
しっかりできると、
かなりコントロールが
よくなるんだって!!

親指《おやゆび》と中指《なかゆび》で輪《わ》っか

やりかた

まずは親指《おやゆび》と人《ひと》さし指《ゆび》で輪《わ》っかをつくります。順《じゅん》に中指《なかゆび》、薬指《くすりゆび》、小指《こゆび》と同《おな》じように行《おこな》い、どの指《ゆび》に力《ちから》が入《はい》るか確《たし》かめてみましょう。人《ひと》さし指《ゆび》と中指《なかゆび》に力《ちから》が入《はい》ることがわかると思《おも》います。友《とも》だちに指《ゆび》を引《ひ》っ張《ぱ》ってもらってどの指《ゆび》の輪《わ》っかが外《はず》れにくいか確認《かくにん》してみるのもよいでしょう。

トライ!

肩《かた》の準備体操《じゅんびたいそう》・ストレッチ①

肩《かた》まわりを柔《やわ》らかくしておくと、動《うご》きが大《おお》きくスムーズになり勢《いきお》いのあるボールを投《な》げやすくなります。ケガもしにくくなるので、投《な》げる前《まえ》に肩《かた》を動《うご》かしておきましょう（②は35ページ）。

やりかた　肩甲骨《けんこうこつ》

両腕《りょううで》を上《うえ》に伸《の》ばし、ヒジを曲《ま》げてまっすぐ下《お》ろし上下運動《じょうげうんどう》をします。ヒジを曲《ま》げるときは二《ふた》つの肩甲骨《けんこうこつ》を寄《よ》せるイメージで。

やりかた　体側伸《たいそくの》ばし

右腕《みぎうで》を上《うえ》に伸《の》ばし、左手《ひだりて》で手首《てくび》をつかんで軽《かる》く引《ひ》っ張《ば》りながら、ゆっくりと上半身《じょうはんしん》を左《ひだり》に倒《たお》します。わきを伸《の》ばしましょう（反対側《はんたいがわ》も同《おな》じ）。

やりかた　肩《かた》まわし

両手《りょうて》の先《さき》を肩《かた》に乗《の》せ、肩《かた》を中心《ちゅうしん》にヒジを大《おお》きくまわします。内《うち》まわし、外《そと》まわしと両方《りょうほう》行《おこな》いましょう。左右《さゆう》同《おな》じ円《えん》の形《かたち》になるように。

やりかた　上腕三頭筋《じょうわんさんとうきん》（肩《かた》とヒジの間《あいだ》）

左腕《ひだりうで》を上《うえ》に伸《の》ばし、背中側《せなかがわ》に手《て》がくるようにヒジを曲《ま》げます。右腕《みぎうで》で左《ひだり》ヒジを押《お》さえます。背《せ》すじを伸《の》ばして行《おこな》いましょう（反対側《はんたいがわ》も同《おな》じ）。

問題《もんだい》 07

初級《しょきゅう》

投《な》げるときの手《て》の動《うご》きのイメージはどれがよいでしょう？

1 ボクシング

2 砲《ほう》丸《がん》投《な》げ

3 釣《つ》り

ヒント hint

注目《ちゅうもく》してほしいのは、ソフトボールでいうところの「グラブをはめているほうの手《て》」の動《うご》きです。

答《こた》えがわかったらページをめくってね

07の答《こた》え ▶ 1 ボクシング

腕《うで》を振《ふ》りきる

投《な》げるときにグラブを引《ひ》く

▲軸足《じくあし》、腰《こし》、肩《かた》、指先《ゆびさき》が一直線《いっちょくせん》になるように投《な》げる。人《ひと》さし指《ゆび》と中指《なかゆび》で押《お》しこむと自然《しぜん》に親指《おやゆび》が下《した》を向《む》く

▲前《まえ》に出《だ》しているグラブを最短距離《さいたんきょり》で胸《むね》に引《ひ》き寄《よ》せる。速《はや》く引《ひ》くほど投《な》げる手《て》も速《はや》く出《で》て強《つよ》いボールになる

なんで

グラブを引《ひ》き寄《よ》せることで ボールを持《も》っているほうの手《て》が前《まえ》に出《で》やすくなる

ボールを投《な》げるときに、ヒジ→前腕《ぜんわん》（ヒジから先《さき》）→手首《てくび》と順番《じゅんばん》に前《まえ》に出《だ》すことを意識《いしき》しましょう。腕《うで》がムチのようにしなるイメージです。こうすることで強《つよ》いボールを投《な》げることができます。

このときに、グラブを持《も》っているほうの手《て》も使《つか》うことを忘《わす》れずに。ボクシングのパンチのようにしっかり引《ひ》くことで、引《ひ》き寄《よ》せる軸回転《じくかいてん》の力《ちから》がボールに伝《つた》わり力強《ちからづよ》いボールが投《な》げられます。肩《かた》とヒジに負担《ふたん》がかからないように、しっかり振《ふ》りきりましょう。

▶割《わ》り

グラブを起点《きてん》に両腕《りょううで》を左右《さゆう》に広《ひろ》げる動《うご》きのこと

軸足《じくあし》でしっかり立《た》つ

ステップする足《あし》はドアを開《ひら》くように

ステップするヒザをしっかりと持《も》ち上《あ》げて、ドアを開《あ》けるように弧《こ》を描《えが》きながら動《うご》かしましょう。つま先《さき》を投《な》げる方向《ほうこう》に向《む》けると安定《あんてい》します。

▲まっすぐ立《た》ち、軸足《じくあし》に重心《じゅうしん》を乗《の》せる。体幹《たいかん》（胴体《どうたい》）、とくに体《からだ》の軸《じく》になるヘソの下部分《したぶぶん》を安定《あんてい》させて立《た》つ

ヒジを出《だ》し「割《わ》り」をつくる

▲胸《むね》の高《たか》さでグラブを起点《きてん》に両腕《りょううで》を前後《ぜんご》に広《ひろ》げて割《わ》りをつくる。投《な》げる方向《ほうこう》にグラブ側《がわ》のヒジを出《だ》す

NG!

頭《あたま》と上半身《じょうはんしん》が前《まえ》に突《つ》っこんでいる

NG!

腕《うで》を振《ふ》りきらないで顔《かお》が上《あ》がっている

トライ!

真下投《ましたな》げ

初心者《しょしんしゃ》によくある、ヒジを下《さ》げたようなフォームは故障《こしょう》につながりやすいので、ヒジを高《たか》く引《ひ》き上《あ》げて投《な》げるフォームを覚《おぼ》えることが大切《たいせつ》です。真下投《ましたな》げを行《おこな》うと、ヒジを高《たか》く引《ひ》き上《あ》げた動《うご》きを覚《おぼ》えることができます。挑戦《ちょうせん》してみましょう。

やりかた

ボールを持《も》ち、ヒジを伸《の》ばして上《うえ》に上《あ》げます。ヒジから落《お》とすイメージで一気《いっき》に真下《ました》に腕《うで》を振《ふ》り下《お》ろしてボールを地面《じめん》にたたきつけます。

POINT

ヒジを高《たか》く

ヒジが下《さ》がったり、腕《うで》が横《よこ》から出《で》たりしないように意識《いしき》する練習《れんしゅう》です。ヒジを高《たか》く引《ひ》き上《あ》げることを頭《あたま》に入《い》れて行《おこな》いましょう。

注意点《ちゅういてん》

ボールが体《からだ》から離《はな》れたところに落《お》ちないように、しっかりヒジを上《あ》げてヒジから落《お》とすように心《こころ》がけましょう。

問題《もんだい》

初級《しょきゅう》

08

ボールを捕《と》る姿勢《しせい》でよいのはどれでしょう？

片手《かたて》だけ顔《かお》の前《まえ》に出《だ》しておく

ヒジを目《め》いっぱい伸《の》ばして待《ま》つ

ヒザをまっすぐにしグラブを両手《りょうて》でかまえる

軽《かる》くヒザを曲《ま》げ、ヒジも適度《てきど》に曲《ま》げる

\ヒント/
hint

捕《と》った後《あと》のことも考《かんが》えてみましょう。

答《こた》えがわかったらページをめくってね

08の答《こた》え

4

軽《かる》くヒザを曲《ま》げ、ヒジも適度《てきど》に曲《ま》げる

声《こえ》が出《で》ていていいね
捕球《ほきゅう》フォームも
かっこいいねー

オーライ

▲グラブを引《ひ》きつけてキャッチ

▲ヒザを軽《かる》く曲《ま》げて準備《じゅんび》

▲声《こえ》を出《だ》してアピール

なんで

ヒザを曲《ま》げてグラブを胸《むね》の前《まえ》でかまえる

基本的《きほんてき》には体《からだ》の正面《しょうめん》でボールを受《う》け、確実《かくじつ》にキャッチします。ボールが飛《と》んできた方向《ほうこう》に素早《すばや》く反応《はんのう》して動《うご》けるように、ヒザは軽《かる》く曲《ま》げておきます。ボールの勢《いきお》いを柔《やわ》らかく吸収《きゅうしゅう》して捕《と》るためにヒジも軽《かる》く曲《ま》げておきましょう。初心者《しょしんしゃ》はヒジを伸《の》ばしてボールを捕《と》りにいきがちですが、ボールをはじきやすいのでボールにグラブの面《めん》を向《む》けて引《ひ》きつけるようにして捕《と》ります。そうすると次《つぎ》の投《な》げる動作《どうさ》にもスムーズにつながります。

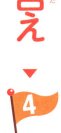

トライ！「面《めん》」を覚《おぼ》える

グラブをはめたときの手《て》のひらを「面《めん》」と呼《よ》びます。捕球《ほきゅう》のときはボールの軌道《きどう》に対《たい》して面《めん》が正対《せいたい》していることが大切《たいせつ》です。その動《うご》きを覚《おぼ》えるために、ヒジと手《て》のひらがそれぞれ円《えん》を描《えが》くように、ヒジを支点《してん》に手《て》をまわしてみましょう。手《て》のひらがまっすぐ正面《しょうめん》に向《む》くのがポイントです。

選手《せんしゅ》によって自分《じぶん》に合《あ》った捕球位置《ほきゅういち》が違《ちが》います。ヒジの力《ちから》を抜《ぬ》いて自然《しぜん》に（一番楽《いちばんらく》に）円《えん》を描《えが》くことができる位置《いち》が、自分《じぶん》に合《あ》った捕球位置《ほきゅういち》だといえるでしょう。また、ボールがくるのを待《ま》っているときは適度《てきど》に力《ちから》を抜《ぬ》いて、ヒジが自然《しぜん》に下《した》を向《む》くようにします。ヒジ先《さき》を柔《やわ》らかく使《つか》って捕球《ほきゅう》しましょう。

ヒジを中心《ちゅうしん》に動《うご》かしながら
グラブの面《めん》を向《む》ける

▲キャッチボールは相手《あいて》の胸《むね》あたりの捕《と》りやすいところへ投《な》げ、捕《と》るときはグラブの面《めん》をボールの方向《ほうこう》へしっかり向《む》けて捕《と》ろう

この動《うご》きができると
捕球《ほきゅう》ミスもかなり
減《へ》るはずだよ

トライ!

4方向《ほうこう》キャッチボール

捕《と》ってから投《な》げるまでの体重移動《たいじゅういどう》や体《からだ》の向《む》きの感覚《かんかく》をつかむ練習《れんしゅう》です。

やりかた

1人《ひとり》が十字《じゅうじ》の中心《ちゅうしん》に立《た》ち、4人《にん》が4方向《ほうこう》に分《わ》かれます。4方向《ほうこう》それぞれでキャッチボールをします。はじめは順番《じゅんばん》に行《おこな》い、慣《な》れてきたらいろんな方向《ほうこう》に投《な》げてみましょう。

POINT

投《な》げる方向《ほうこう》につま先《さき》を向《む》ける

捕《と》るときはグラブ側《がわ》の足《あし》を出《だ》し、どの方向《ほうこう》でも投《な》げる向《む》きにつま先《さき》を向《む》けること。腰《こし》をしっかり入《い》れて切《き》り返《かえ》すことが実戦《じっせん》にもつながります。

トライ!

肩《かた》の準備体操《じゅんびたいそう》・ストレッチ②

肩《かた》のストレッチは練習後《れんしゅうご》のクールダウンにも取《と》り入《い》れると血液《けつえき》の流《なが》れがよくなり疲《つか》れが残《のこ》りにくくなるといわれています。練習《れんしゅう》の間隔《かんかく》が空《あ》くときにも肩《かた》の体操《たいそう》をしておきましょう（①は26ページ）。

やりかた **肩《かた》まわし**

両腕《りょううで》を横《よこ》に伸《の》ばし、指先《ゆびさき》で円《えん》を描《えが》くように両手《りょうて》をまわします。
手首《てくび》だけをまわすのではなく、肩《かた》から大《おお》きくまわします。

やりかた **肩《かた》ひねり**

右手《みぎて》の手《て》のひらを下《した》、左手《ひだりて》は上《うえ》にして両腕《りょううで》を横《よこ》に伸《の》ばした状態《じょうたい》から、右手《みぎて》は上《うえ》、左手《ひだりて》は下《した》に向《む》けて同時《どうじ》にひねります。交互《こうご》にくり返《かえ》しましょう。

トライ!

腕《うで》の準備体操《じゅんびたいそう》・ストレッチ

腕《うで》や指先《ゆびさき》も柔《やわ》らかくしましょう。

やりかた **前腕《ぜんわん》伸《の》ばし**

左手《ひだりて》を前《まえ》に伸《の》ばし、手首《てくび》を立《た》て、右手《みぎて》で指先《ゆびさき》を引《ひ》きつけ手首《てくび》を伸《の》ばします。次《つぎ》に指先《ゆびさき》を下《した》にし、手《て》の甲側《こうがわ》も伸《の》ばします。逆側《ぎゃくがわ》の手《て》も行《おこな》いましょう。

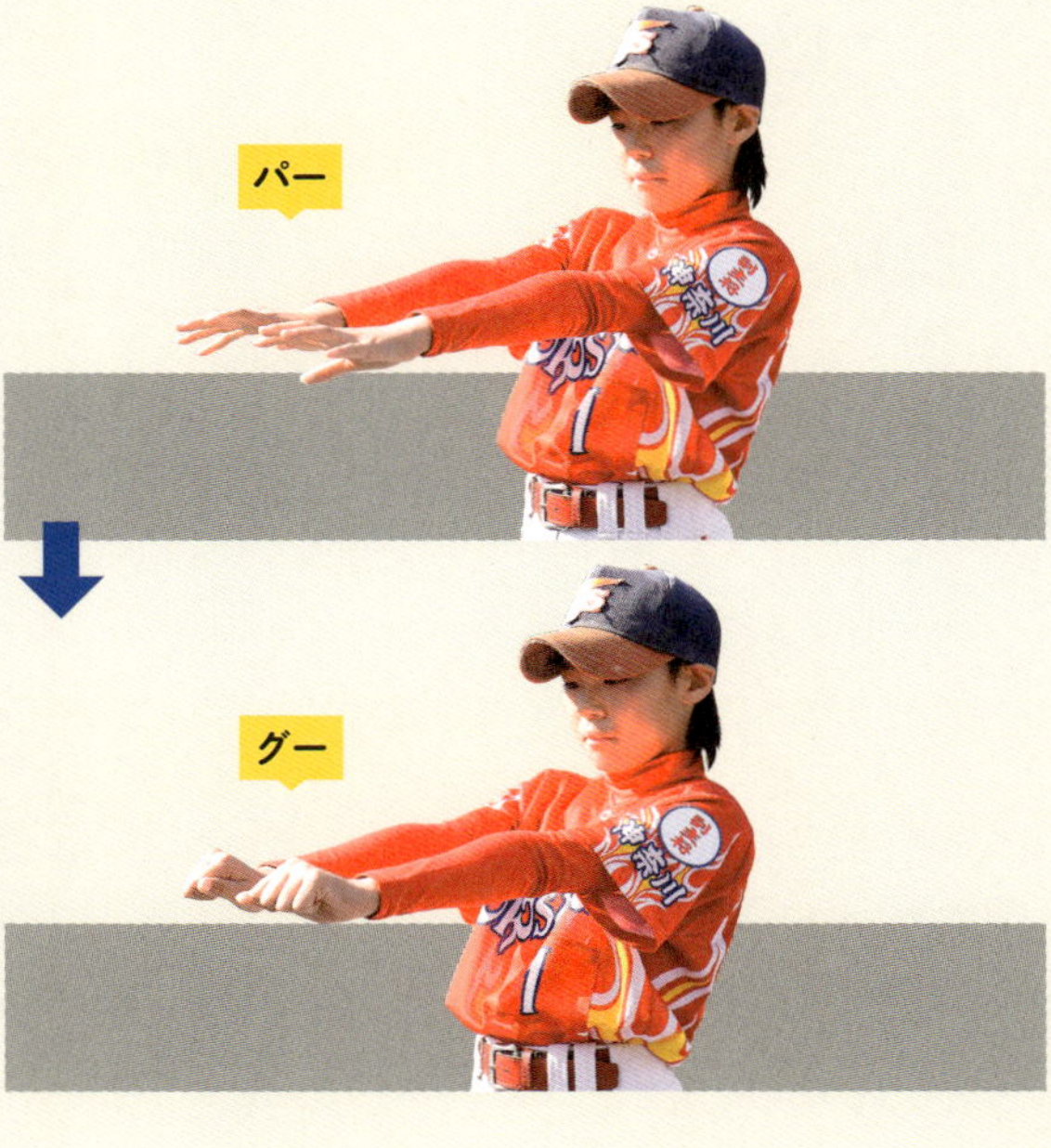

やりかた **グーパー**

両腕《りょううで》を前《まえ》に伸《の》ばし、指先《ゆびさき》を開《ひら》く、閉《と》じる、を交互《こうご》にしてグ—パーをくり返《かえ》します。指先《ゆびさき》も柔《やわ》らかくしておきましょう。

第《だい》3章《しょう》

ピッチングをしてみよう

正《ただ》しいフォームがスピードとコントロールを生《う》む

投手《とうしゅ》は華《はな》のあるポジション全身《ぜんしん》をバランスよく使《つか》おう

　ソフトボールの大《おお》きな特徴《とくちょう》の一《ひと》つに、投手《とうしゅ》が腕《うで》をまわして下《した》から投《な》げる独特《どくとく》の投法《とうほう》があります。投手《とうしゅ》にとって大切《たいせつ》なのは正確《せいかく》なコントロールとスピードです。経験《けいけん》を積《つ》むと変《へん》化球《かきゅう》を覚《おぼ》えていくことと思《おも》いますが、いずれにしても一番《いちばん》の基本《きほん》は正《ただ》しい安定《あんてい》したフォームです。

　頭《あたま》、指先《ゆびさき》、腰《こし》、つま先《さき》、体《からだ》の軸《じく》となる体幹《たいかん》など、全身《ぜんしん》を使《つか》ったバランスが重要《じゅうよう》になってきます。どこか一《ひと》つでもおかしいとコントロールが乱《みだ》れたり、スピードが出《で》なかったりするだけでなく、肩《かた》やヒジに負担《ふたん》がかかってケガにつながることもあります。正《ただ》しいフォームとともに試合《しあい》でのルールや練習法《れんしゅうほう》を身《み》につけていきましょう。

初級《しょきゅう》

問題《もんだい》 09

ピッチングの「ウィンドミル」はなんという意味《いみ》でしょう。

1 水鉄砲《みずでっぽう》

2 風車《ふうしゃ》

3 振《ふ》り子《こ》時計《どけい》

ピッチングのフォームをイメージできるかな？

ヒント hint

腕《うで》を一回転《いっかいてん》させる投《な》げ方《かた》のことを「ウィンドミル投《とう》法《ほう》」と呼《よ》びます。さて、どれが正解《せいかい》でしょうか。

 答《こた》えがわかったらページをめくってね

09の答《こた》え ▶ 2 風車《ふうしゃ》

指先《ゆびさき》でボールを
はじきだすようにして
ボールに強《つよ》いタテ回転《かいてん》をかける

▲右腕《みぎうで》を前《まえ》に振《ふ》り上《あ》げる

▲右腕《みぎうで》を下《お》ろしながら左足《ひだりあし》を着地《ちゃくち》。ボールをリリースする

▲腕《うで》をしっかり振《ふ》りぬく

なんで

腕《うで》を一回転《いっかいてん》するフォームだから

　ウィンドミルは英語《えいご》で「風車《ふうしゃ》」という意味《いみ》で、腕《うで》を一回転《いっかいてん》させる様子《ようす》が風車《ふうしゃ》に似《に》ていることから名《な》づけられました。腕《うで》を回転《かいてん》させて遠心力《えんしんりょく》を使《つか》うため、スピードを得《え》やすいのが特長《とくちょう》です。

　右投《みぎな》げの場合《ばあい》、左《ひだり》ヒザを少《すこ》し曲《ま》げて重心《じゅうしん》を沈《しず》めつつ、右手《みぎて》を後《うし》ろに軽《かる》く振《ふ》って前《まえ》にまわすための反動《はんどう》をつけます。次《つぎ》に右足《みぎあし》でプレートをけって大《おお》きく前《まえ》に飛《と》び出《だ》し、同時《どうじ》に腕《うで》を振《ふ》り上《あ》げます。左足《ひだりあし》が着地《ちゃくち》した瞬間《しゅんかん》に横《よこ》を向《む》いている体《からだ》を軸回《じくかい》転《てん》させ、ボールをリリースするのです。この章《しょう》でピッチングのポイントをあげるので、一連《いちれん》の動作《どうさ》をみていきましょう。

腕《うで》を回転《かいてん》させている動《うご》きが
風車《ふうしゃ》にそっくりだね！

グラブも振《ふ》り上《あ》げると
バランスをとりやすい
グラブでボールを隠《かく》し、
ボールの縫《ぬ》い目《め》に指《ゆび》をかける
力強《ちからづよ》く
プレートをける

▲両足《りょうあし》をプレートに乗《の》せて、投球《とうきゅう》の準備《じゅんび》をする

▲右腕《みぎうで》を振《ふ》り子《こ》のように背中側《せなかがわ》に振《ふ》り上《あ》げる

▲右足《みぎあし》でプレートをけって前《まえ》に飛《と》び出《だ》す

POINT

投《な》げる前《まえ》からピッチングは始《はじ》まっている

投球《とうしゅ》の前《まえ》は、肩幅《かたはば》くらいに自然《しぜん》に立《た》ち、両足《りょうあし》でプレートを踏《ふ》みます。右足《みぎあし》は土踏《つちふ》まずあたり、左足《ひだりあし》はつま先《さき》で踏《ふ》みましょう。肩《かた》の力《ちから》を抜《ぬ》いてリラックスしてヒザを軽《かる》く曲《ま》げます。つま先《さき》とヒザは投《な》げる方向《ほうこう》に向《む》けて準備《じゅんび》しておきましょう。ボールの握《にぎ》り方《かた》もポイントです。指《ゆび》はボールの縫《ぬ》い目《め》にかけます。人《ひと》さし指《ゆび》、中指《なかゆび》、薬指《くすりゆび》の3本《ぼん》をかけ、慣《な》れてきたら人《ひと》さし指《ゆび》と中指《なかゆび》の2本《ほん》をかけて、リリースのときにしっかり押《お》しこみましょう。縫《ぬ》い目《め》にかけるとボールがタテ回転《かいてん》をして球速《きゅうそく》に威力《いりょく》が増《ま》します。

これ知《し》ってる？ スリングショットもフォームが肝心《かんじん》

▶トップ

ボールを持《も》った手《て》を振《ふ》り上《あ》げ、頭《あたま》の上《うえ》の頂点《ちょうてん》を通過《つうか》するときの形《かたち》のこと

今《いま》ではウィンドミルの投《な》げ方《かた》が主流《しゅりゅう》ですが、そのほかに「スリングショット」という投法《とうほう》もあります。腕《うで》を一回転《いっかいてん》させずに、振《ふ》り子《こ》のように後《うし》ろに引《ひ》き上《あ》げ、トップから振《ふ》り下《お》ろす投《な》げ方《かた》です。トップ以降《いこう》はウィンドミルと同《おな》じで、前《まえ》への踏《ふ》みこみが重要《じゅうよう》です。ウィンドミルで腕《うで》を振《ふ》り下《お》ろすときにまっすぐに投《な》げられない場合《ばあい》、強《つよ》い踏《ふ》みこみを意識《いしき》するために、スリングショットで調整練習《ちょうせいれんしゅう》をする選手《せんしゅ》もいます。手《て》、足《あし》、腰《こし》などのバランスが安定《あんてい》しないとコントロールが乱《みだ》れることは同《おな》じなので、どの投《な》げ方《かた》でも正《ただ》しいフォームを体《からだ》に染《し》みこませましょう。

問題《もんだい》 10 初級《しょきゅう》

ピッチングのトップをつくるイメージは次《つぎ》のうちどれでしょう？

1 ボウリング
2 平泳《ひらおよ》ぎ
3 円盤投《えんばんな》げ
4 弓矢《ゆみや》

「ある動《うご》き」から「ある動《うご》き」をするイメージだね。答《こた》えは二《ふた》つを組《く》み合《あ》わせたものだよ

答《こた》えがわかったらページをめくってね

10の答《こた》え ▶ 2 4 平泳《ひらおよ》ぎから弓矢《ゆみや》を引《ひ》く

PO!NT

弓《ゆみ》を引《ひ》くように
体《からだ》は横向《よこむ》き

　ピッチングの連続動作《れんぞくどうさ》の中《なか》に、大事《だいじ》なポイントがいくつかあります。トップのときの形《かたち》がよいとコントロールの定《さだ》まった力強《ちからづよ》いボールになります。トップのときは、左足《ひだりあし》を大《おお》きく踏《ふ》み出《だ》すことから、体《からだ》がホームプレートに対《たい》して真横《まよこ》を向《む》くようになります。グラブ側《がわ》の手《て》は前《まえ》にまっすぐ出《だ》し、ボールを持《も》っている手《て》はやや外向《そとむ》きにします。ちょうど平泳《ひらおよ》ぎで外向《そとむ》きに手《て》をかき内《うち》側《がわ》にしぼるのと同《おな》じようにし、弓《ゆみ》から矢《や》をグッと引《ひ》いている状態《じょうたい》をつくります。この形《かたち》から体《からだ》を真正面《ましょうめん》に戻《もど》しながら、腕《うで》をまわすとより遠心力《えんしんりょく》を使《つか》え、威力《いりょく》のあるボールになります。

問題《もんだい》 11

中級《ちゅうきゅう》

腕《うで》を振《ふ》り下《お》ろしたときにヒジを腰《こし》に当《あ》てる？ 当《あ》てない？

1 当《あ》てた反動《はんどう》を使《つか》って投《な》げるので、当《あ》てる

2 当《あ》てると痛《いた》いので当《あ》てない

ヒント
hint

振《ふ》り子《こ》が揺《ゆ》れているときに、ひもの途中《とちゅう》を指《ゆび》で止《と》めてブレーキをかけると、ひもの先《さき》はどうなるでしょう。

答《こた》えがわかったらページをめくってね

11の答《こた》え ▶ 1 当《あ》てた反動《はんどう》を使《つか》って投《な》げるので、当《あ》てる

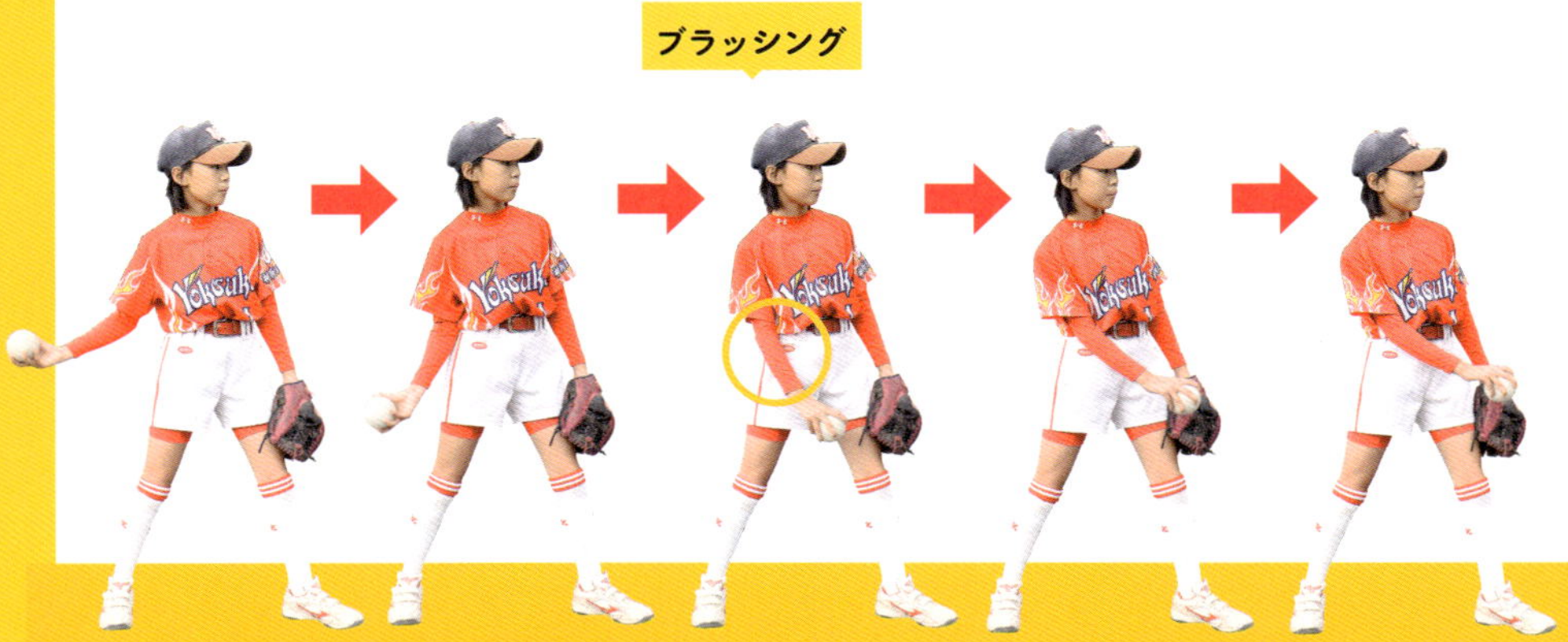

なんで

ヒジと腰《こし》をこすり合《あ》わせる

ボールを放《はな》す「リリース」のタイミングのときに、ヒジ（ヒジの下《した》・前腕部《ぜんわんぶ》の内側《うちがわ》）と腰《こし》をこすり合《あ》わせるようにしてブレーキをかけることを「ブラッシング」といいます。勢《いきお》いのあるボールを生《う》み出《だ》すために欠《か》かせない動作《どうさ》です。たとえば、振《ふ》り子《こ》を振《ふ》っているときに、振《ふ》っている途中《とちゅう》でひもの真《ま》ん中《なか》あたりを止《と》めると、振《ふ》り子《こ》の重《おも》りはさらに勢《いきお》いがつき前《まえ》に飛《と》び出《だ》そうとします。この原理《げんり》と同《おな》じように、上《うえ》から振《ふ》り下《お》ろしてきたときにヒジを腰《こし》に当《あ》てブレーキをかけることで、ボールに勢《いきお》いをつけるのです。

POINT

自然《しぜん》に手首《てくび》を返《かえ》そう

ブラッシングをしてスピードボールを意識《いしき》するあまり、手首《てくび》を返《かえ》そうとしてしまいがちです。あくまでもブラッシングをしたことで自然《しぜん》に手首《てくび》が返《かえ》るので、気《き》をつけましょう。

投球《とうきゅう》する前《まえ》の行動《こうどう》に問題《もんだい》があったようだよ

問題《もんだい》 12 上級《じょうきゅう》

投球《とうきゅう》したら反則《はんそく》をとられた！なんで？

1. キャッチャーのサインに首《くび》を振《ふ》ったから
2. キャッチャーからボールをもらって5秒《びょう》経《た》っていた
3. 投球動作《とうきゅうどうさ》に入《はい》る前《まえ》に2秒《びょう》静止《せいし》していなかった

＼ヒント／
hint

よくしてしまいがちですが、この反則《はんそく》のペナルティは重《おも》いです。

12の答《こた》え

3

投球動作《とうきゅうどうさ》に入《はい》る前《まえ》に2秒静止《びょうせいし》していなかった

▶ボールデッド
試合《しあい》がいったん止《と》まること

なんで

0、1、2としっかりと止《と》まる

投手《とうしゅ》が投球動作《とうきゅうどうさ》に入《はい》るときは、体《からだ》の前《まえ》か横《よこ》でボールを両手《りょうて》で持《も》ち、2秒以上《びょういじょう》5秒以内《びょういない》で、体《からだ》を完全《かんぜん》に静止《せいし》しなければいけない決《き》まりがあります。2秒《びょう》ですが、数《かぞ》え方《かた》は「0、1、2」と数《かぞ》えるのでしっかりと静止《せいし》してから投《な》げましょう。ピンチのときなどに気持《きも》ちがあせると早《はや》く投《な》げがちなので、落《お》ち着《つ》いて投《な》げることが大切《たいせつ》です。また投手《とうしゅ》はプレイがかかってから、もしくはボールを受《う》けてから20秒以内《びょういない》に投《な》げなければいけません。20秒以内《びょういない》に投《な》げなかった場合《ばあい》は打者《だしゃ》にワンボールが与《あた》えられます。投球《とうきゅう》のリズムを身《み》につけておきましょう。

プレートには両足《りょうあし》をつける

片足《かたあし》しかついていない

プレートの幅《はば》の外側《そとがわ》に踏《ふ》み出《だ》している

プレートの外《はず》し方《かた》にもルールがある

そのほかにも投球動作《とうきゅうどうさ》に関《かん》するルールがいくつかあります。プレートを踏《ふ》むときは、両手《りょうて》を離《はな》して両足《りょうあし》ともプレートに触《ふ》れなければいけません。また、ボールを持《も》たないでプレートの上《うえ》、その付近《ふきん》で投球《とうきゅう》の姿勢《しせい》をとってはいけません。バッターがバッターボックスを出たときなど、ピッチャープレートを外《はず》すときは、両手《りょうて》を離《はな》す前《まえ》にプレートの後《うし》ろに片足《かたあし》を外《はず》し、もう片方《かたほう》も後《うし》ろに外《はず》さなければいけないルールがあります。覚《おぼ》えておきましょう。

これ知《し》ってる？

ストライクゾーンってどこからどこまで？

ストライクゾーンの幅《はば》は、ホームプレート上《じょう》の空間《くうかん》になり、ボールがホームプレート上《じょう》を通過《つうか》すればストライクになります。たとえば、ホームプレート上《じょう》の角《かど》をかすめていれば、捕手《ほしゅ》の捕《と》った位置《いち》がホームプレートから離《はな》れていてもストライクになります。ホームプレート上《じょう》を通《とお》っていなければ「ボール」になります。

ストライクゾーンの高《たか》さは、地面《じめん》から何《なん》センチ～何《なん》センチと決《き》まっているわけではありません。打者《だしゃ》が打撃《だげき》をしようとするときの姿勢《しせい》で、わきの下《した》とヒザ頭《がしら》の上部《じょうぶ》の間《あいだ》の高《たか》さになります。背《せ》の低《ひく》い打者《だしゃ》の場合《ばあい》はストライクゾーンも低《ひく》くなり、打者《だしゃ》の身長《しんちょう》やかまえによってストライクの高《たか》さが変《か》わるので注意《ちゅうい》しましょう。

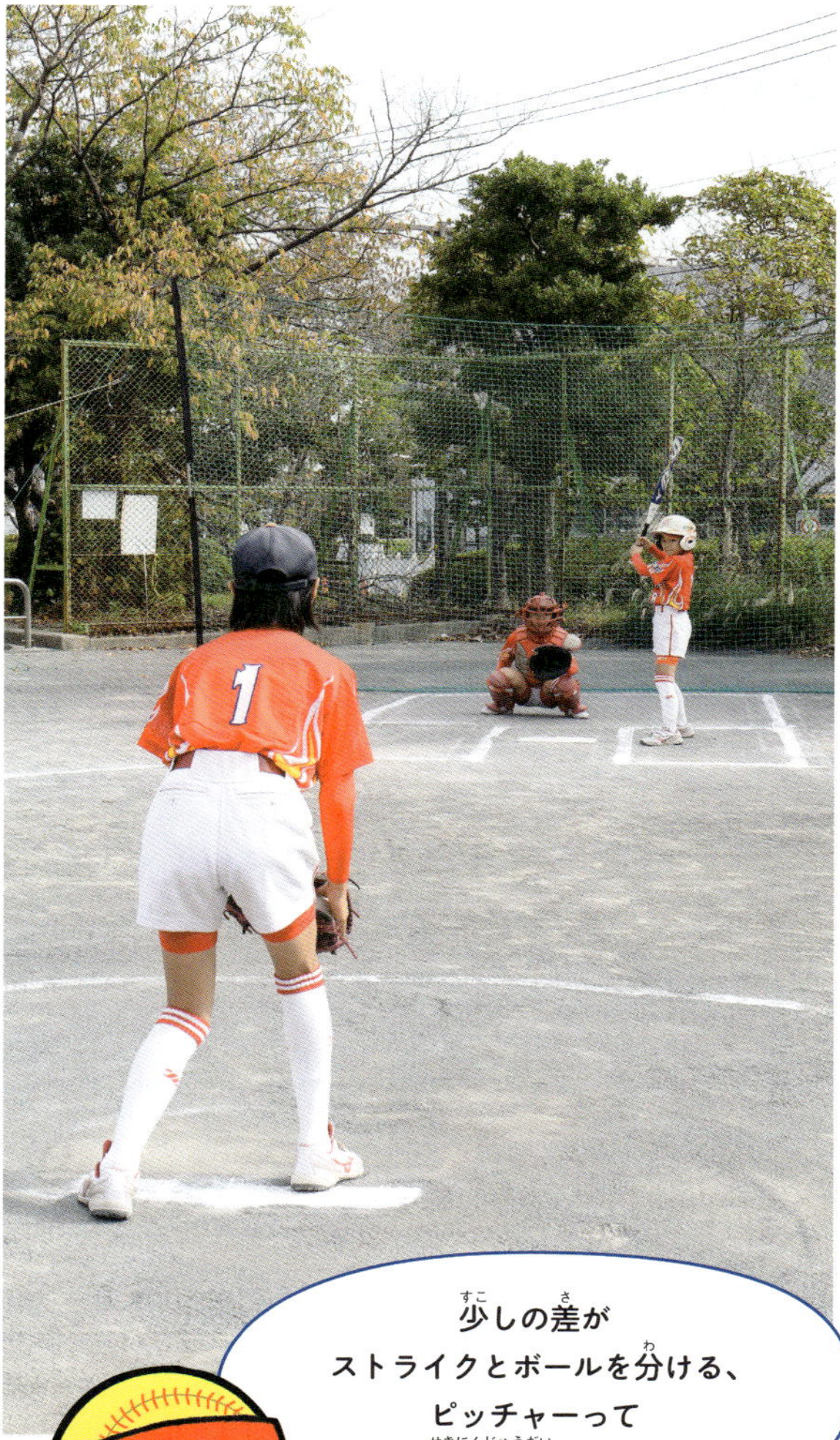

問題《もんだい》 13 上級《じょうきゅう》 中級

コントロールが悪《わる》くてストライクが入《はい》りません。なぜでしょう？

少《すこ》しの差《さ》が
ストライクとボールを分《わ》ける、
ピッチャーって
責任重大《せきにんじゅうだい》だなぁ

ヒント
hint

さまざまな原因《げんいん》が考《かんが》えられますが、答《こた》えはシンプルにまとめることができます。

答《こた》えがわかったらページをめくってね

なんで

バランスがくずれるとストライクが入《はい》りにくい

腕《うで》の上《あ》げ方《かた》、足《あし》の踏《ふ》み出《だ》し方《かた》、グラブを持《も》っている側《がわ》の手《て》の動《うご》きや方《ほう》向《こう》など、全体《ぜんたい》のバランスが大切《たいせつ》です。間違《まちが》いやすいNGフォームの例《れい》をあげるので、自分《じぶん》のフォームをチェックしてみましょう。

NG!
力《りき》んで体《からだ》がななめになる
頭《あたま》が前《まえ》に突《つ》っこんでいる
上半身《じょうはんしん》がねじれている

NG!
両手《りょうて》が横《よこ》に開《ひら》いている
上体《じょうたい》が伸《の》びてしまっている
しっかり踏《ふ》みこんでいない

13の答《こた》え

フォームが悪《わる》いから

POINT

大事《だいじ》なのは全身《ぜんしん》のバランス

くり返《かえ》しになりますが、投手《とうしゅ》にとって一番大切《いちばんたいせつ》なことは、頭《あたま》から腕《うで》、体幹《たいかん》、足《あし》まですべてにおいてバランスがとれたフォームで投《な》げることです。

バランスをよくするためには、正《ただ》しいフォームで投《な》げなければなりません。そのためにもこれまでに説明《せつめい》したポイントを頭《あたま》に入《い》れながら何度《なんど》も練習《れんしゅう》してフォームを身《み》につけることが大切《たいせつ》になります。

バランスが悪《わる》い投手《とうしゅ》は、必《かなら》ずどこかに負担《ふたん》がかかるような投《な》げ方《かた》になってしまっています。球速《きゅうそく》が伸《の》びない、コントロールが悪《わる》いなどの壁《かべ》にぶつかったときに、乗《の》りこえることがむずかしくなるでしょう。最悪《さいあく》の場合《ばあい》、大《おお》きなケガにつながってしまうこともあります。

バランスのいいフォームで投《な》げていれば、体《からだ》の成長《せいちょう》とともに技術《ぎじゅつ》も伸《の》びてきます。コントロールや球速《きゅうそく》はもちろん、将来《しょうらい》、変化球《へんかきゅう》に挑戦《ちょうせん》するときにもハードルは低《ひく》くなるはずです。

これ知《し》ってる？

ソフトボールにも変化球《へんかきゅう》がある！

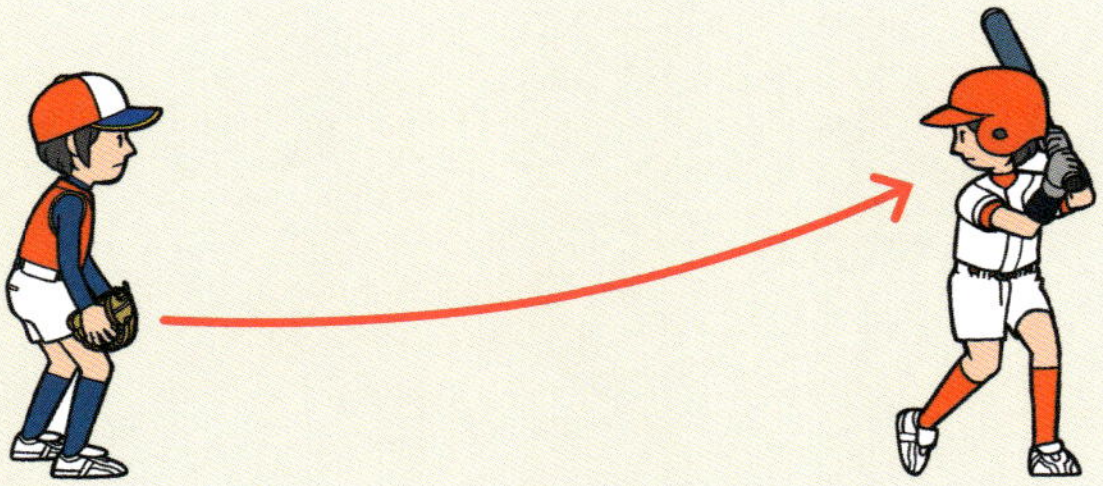

ライズボール

下《した》から上《うえ》に浮《う》き上《あ》がるボールです。一般的《いっぱんてき》には、人《ひと》さし指《ゆび》を縫《ぬ》い目《め》にかけてリリースのときに強《つよ》くボールを押《お》し出《だ》し、下《した》から上《うえ》にバックスピンをかけて浮《う》き上《あ》がらせます。

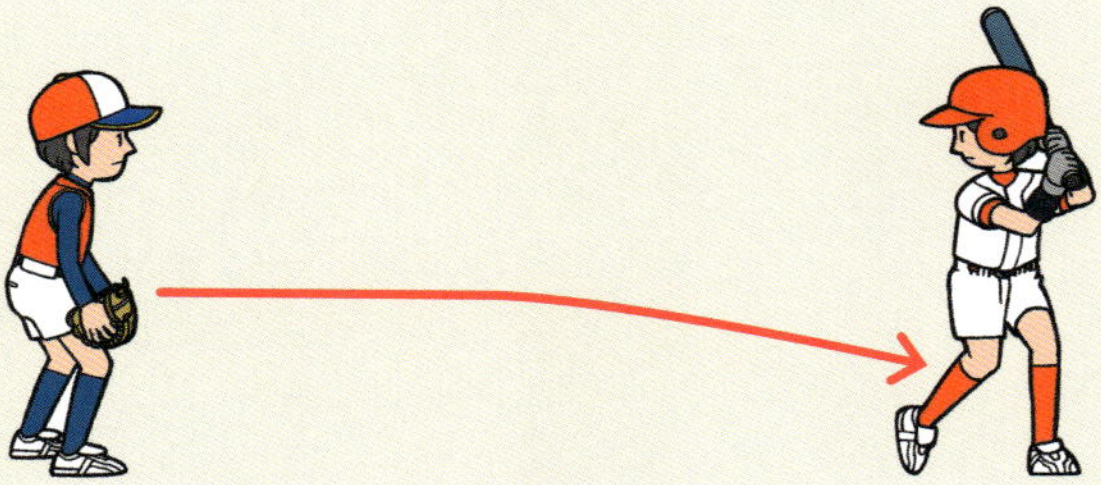

ドロップボール

バッターに近《ちか》いところで大《おお》きく沈《しず》むボールです。投《な》げ方《かた》はいくつかありますが、ヒジと手《て》のひらの内側《うちがわ》を前《まえ》に向《む》けるようにして、ボールに下向《したむ》きの回転《かいてん》をかけます。

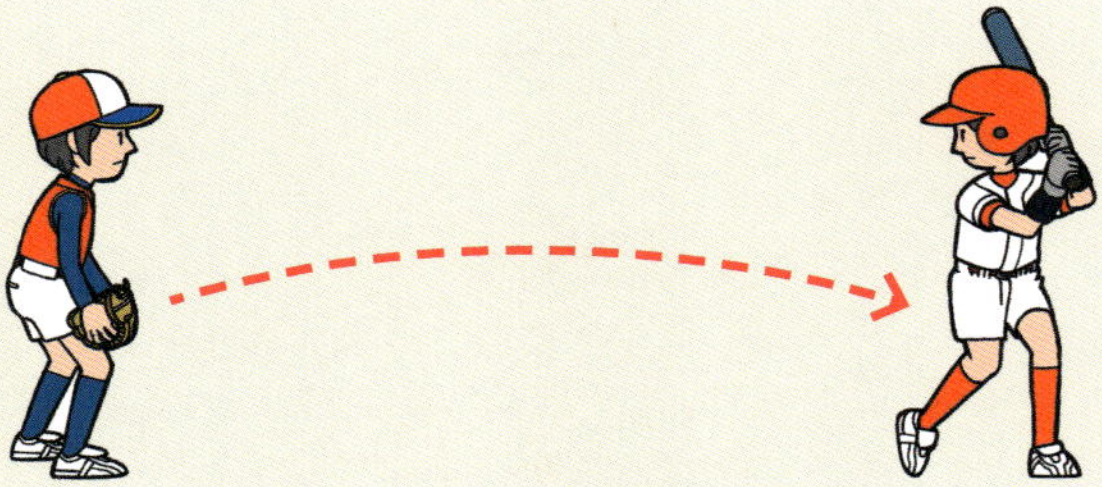

チェンジアップ

ストレートと同《おな》じフォームからの遅《おそ》いブレーキボール。打者《だしゃ》のタイミングを外《はず》します。手《て》の甲《こう》を前《まえ》に向《む》けて投《な》げる、ストレートに見《み》せかけたゆるいボールになります。

まずは正《ただ》しいフォームで確実《かくじつ》にストレートを投《な》げることが基本《きほん》ですが、成長《せいちょう》していくと変化球《へんかきゅう》を覚《おぼ》えられるようになります。もちろん、ブラッシングができることが大《だい》前提《ぜんてい》です。自己流《じこりゅう》で覚《おぼ》えずに、ある程度《ていど》の経験《けいけん》を積《つ》んでから指導者《しどうしゃ》といっしょに習得《しゅうとく》しましょう。

第《だい》 4 章《しょう》

打撃《だげき》の基本《きほん》を覚《おぼ》えよう

基本《きほん》には意味《いみ》がある しっかりと覚《おぼ》えておこう

いよいよ攻撃《こうげき》だ! たくさん点《てん》を取《と》ろう

多《おお》く得点《とくてん》したチームが勝《か》つので、バッティングを磨《みが》いて攻撃力《こうげきりょく》を高《たか》めることが大切《たいせつ》です。

バットの握《にぎ》り方《かた》やかまえ、スイングの仕方《しかた》は、それぞれが打《う》ちやすいように多少《たしょう》の個性《こせい》があってもよいのですが、やはり基本《きほん》のフォームを知《し》ることが上達《じょうたつ》の近道《ちかみち》です。基本《きほん》の打《う》ち方《かた》は、球《たま》が見《み》やすくなる、体重《たいじゅう》をかけてボールを遠《とお》くまで飛《と》ばしやすくなるなど意味《いみ》があります。しっかり覚《おぼ》えていきましょう。

また、試合《しあい》では走者《そうしゃ》を進《すす》めるためにバントも必要《ひつよう》になります。バッターのルールも頭《あたま》に入《い》れておきましょう。

問題《もんだい》 14

初級《しょきゅう》

バットの握《にぎ》り方《かた》はどちらが正《ただ》しいでしょう？

ホームランバッターは
力《ちから》が入《はい》る握《にぎ》りが
よさそうかも？

1 パームグリップ

2 フィンガーグリップ

ヒント
hint

打者《だしゃ》のタイプによってスイングが違《ちが》います。ということは握《にぎ》り方《かた》も違《ちが》うかもしれません。

 答《こた》えがわかったらページをめくってね

14の答《こた》え

1

2

どちらも正解《せいかい》

パームグリップ

手《て》のひらを並《なら》べてタテに握《にぎ》り、バットのグリップを親指《おやゆび》の付《つ》け根《ね》に合《あ》わせます。手《て》のひら全体《ぜんたい》でグリップを包《つつ》みこむように、ぞうきんを内側《うちがわ》にしぼるイメージで握《にぎ》ります。手首《てくび》が固定《こてい》されバットが安定《あんてい》します。

フィンガーグリップ

手《て》のひらを並《なら》べてタテに握《にぎ》り、バットのグリップを人《ひと》さし指《ゆび》から小指《こゆび》の付《つ》け根《ね》に沿《そ》わせて、指先《ゆびさき》でグリップを包《つつ》みます。指《ゆび》の付《つ》け根《ね》で軽《かる》く握《にぎ》り、手《て》のひらで固定《こてい》するイメージで内側《うちがわ》にしぼります。人《ひと》さし指《ゆび》の力《ちから》を抜《ぬ》き、小《こ》指側《ゆびがわ》に力《ちから》を入《い》れると親指《おやゆび》と人《ひと》さし指《ゆび》の付《つ》け根《ね》に若干《じゃっかん》の空間《くうかん》ができるので、バットの動《うご》き（可動域《かどういき》）が広《ひろ》がります。

なんで

自分《じぶん》に合《あ》ったほうを選《えら》ぼう

バットの握《にぎ》り方《かた》は2種類《しゅるい》あります。特徴《とくちょう》があるので自分《じぶん》が握《にぎ》りやすく打《う》ちやすいほう、バッティングスタイルに合《あ》ったほうを選《えら》びましょう。パームグリップは力《ちから》が直接《ちょくせつ》バットに伝《つた》わりやすく、しっかりとバットを押《お》しこめるので、力強《ちからづよ》い打球《だきゅう》を遠《とお》くまで飛《と》ばしやすくなります。フィンガーグリップは、手首《てくび》の可動域《かどういき》（動《うご》かせる範囲《はんい》）が広《ひろ》がります。手首《てくび》の力《ちから》が抜《ぬ》け、柔《やわ》らかく使《つか》うことができるのでバットコントロールがしやすくなります。握《にぎ》りやすいのがどちらかわからないときは指導者《しどうしゃ》に見《み》てもらい、自分《じぶん》に合《あ》った握《にぎり》り方《かた》を選《えら》びましょう。

問題《もんだい》 15

初級《しょきゅう》

正《ただ》しいかまえの手《て》のイメージはどれに近《ちか》いでしょう?

ヒント
hint

どれも棒状《ぼうじょう》のものを持《も》っているという点《てん》では共通《きょうつう》していますが、かまえる高《たか》さが違《ちが》いますね。

1 剣道《けんどう》のかまえ

2 傘《かさ》をさす

3 ゴルフ

答《こた》えがわかったらページをめくってね

15の答《こた》え

▼ 2

傘《かさ》をさす

スタンスが極端《きょくたん》に狭《せま》いと踏《ふ》んばれない

スタンスが広《ひろ》すぎる。ヒザが伸《の》びきっている

肩《かた》より少《すこ》し上《うえ》で傘《かさ》をさす高《たか》さが自然《しぜん》なかまえで力《りき》まない

▶横《よこ》から見《み》ると

なんで

背《せ》すじを伸《の》ばし、傘《かさ》をさすイメージで

バットをかまえるときは、肩《かた》に力《ちから》を入《い》れずテイクバックから振《ふ》りぬくまでスムーズな流《なが》れになるようにします。高《たか》すぎず、低《ひく》すぎず、肩《かた》のやや上《うえ》に傘《かさ》を持《も》つくらいの自然《しぜん》な位置《いち》でかまえましょう。上半身《じょうはんしん》は背中《せなか》に1本《ぽん》の棒《ぼう》が入《はい》っているイメージでスッと伸《の》ばします。足幅《あしはば》のスタンスは打《う》ちやすい幅《はば》に多少《たしょう》は調整《ちょうせい》してもいいですが、基本《きほん》は肩幅《かたはば》よりやや広《ひろ》めにします。このくらいの足幅《あしはば》で軽《かる》くヒザを曲《ま》げ、少《すこ》しお尻《しり》を突《つ》き出《だ》すように立《た》つと姿勢《しせい》が安定《あんてい》します。

これ知《し》ってる？ 自分《じぶん》に合《あ》ったスタンスを見《み》つけよう

▶スタンス

打席《だせき》でかまえたときの両足《りょうあし》の幅《はば》の広《ひろ》さ

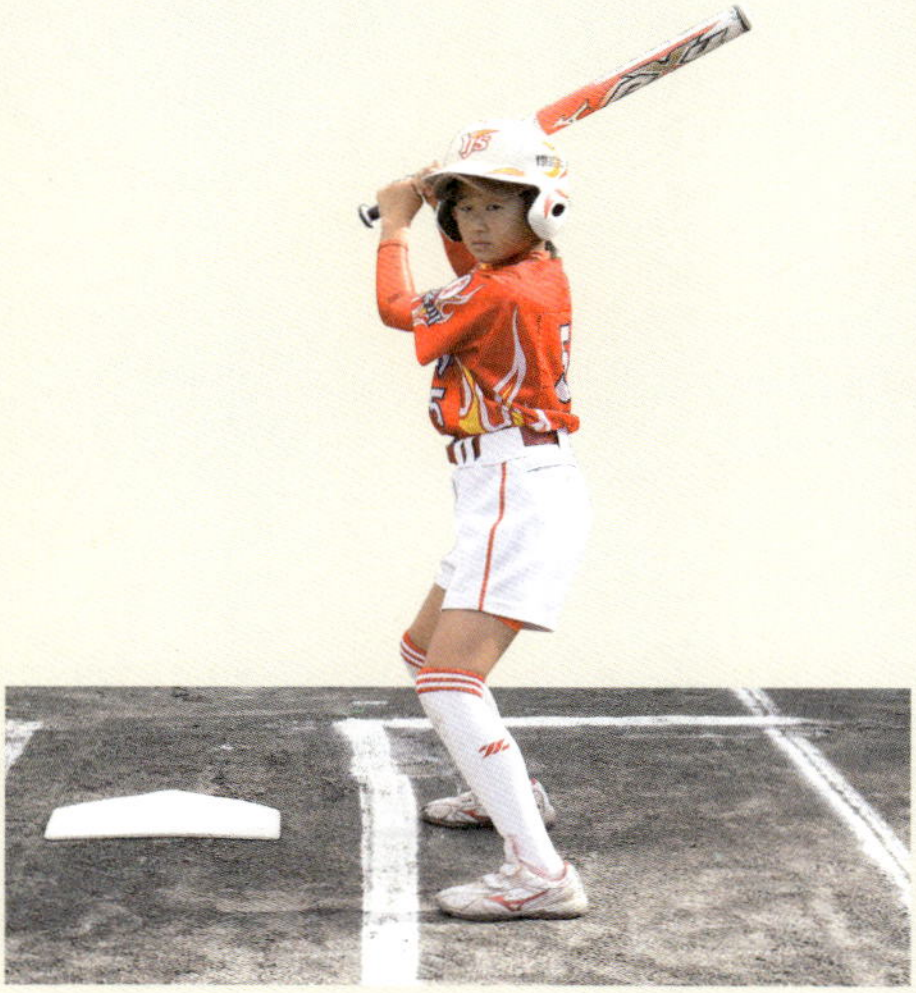

スクエア

バッターボックスの線《せん》と両足《りょうあし》を平行《へいこう》にするのがスクエアスタンスです。ボールがまっすぐに飛《と》びやすい打《う》ち方《かた》で、つま先《さき》をホームプレートにまっすぐに向《む》けるクセをつけます。つま先《さき》が開《ひら》かなければ、腰《こし》の軸回転《じくかいてん》がスムーズにできます。初心者《しょしんしゃ》は基本《きほん》のスクエアスタンスで打《う》ちましょう。体《からだ》も成長《せいちょう》し経験《けいけん》を積《つ》んだら、ほかのスタンスを試《ため》してみるのもいいでしょう。

オープンスタンス

投手側《とうしゅがわ》の足《あし》を半足分《はんそくぶん》くらい下《さ》げるスタンスです。顔《かお》が投手《とうしゅ》のほうに向《む》きやすく球《たま》を見《み》やすいメリットがあります。

クローズスタンス

捕手側《ほしゅがわ》の足《あし》を半足《はんそく》くらい下《さ》げるスタンスです。アウトコースの球《たま》にくらいつきやすいフォームです。

問題《もんだい》

16

初級《しょきゅう》

次《つぎ》のうち一番《いちばん》いい打《う》ち方《かた》はどれでしょう？

1 レベルスイング

2 アッパースイング

3 ダウンスイング

\ヒント/
hint

それぞれバットの軌道《きどう》がまったく違《ちが》いますね。投手《とうしゅ》から放《はな》たれたボールは地面《じめん》と平行《へいこう》に飛《と》んでくることが多《おお》いですが、どれが一番《いちばん》ヒットにできる確率《かくりつ》が上《あ》がりそうでしょうか。

 答《こた》えがわかったらページをめくってね

16の答《こた》え

▼

1

レベルスイング

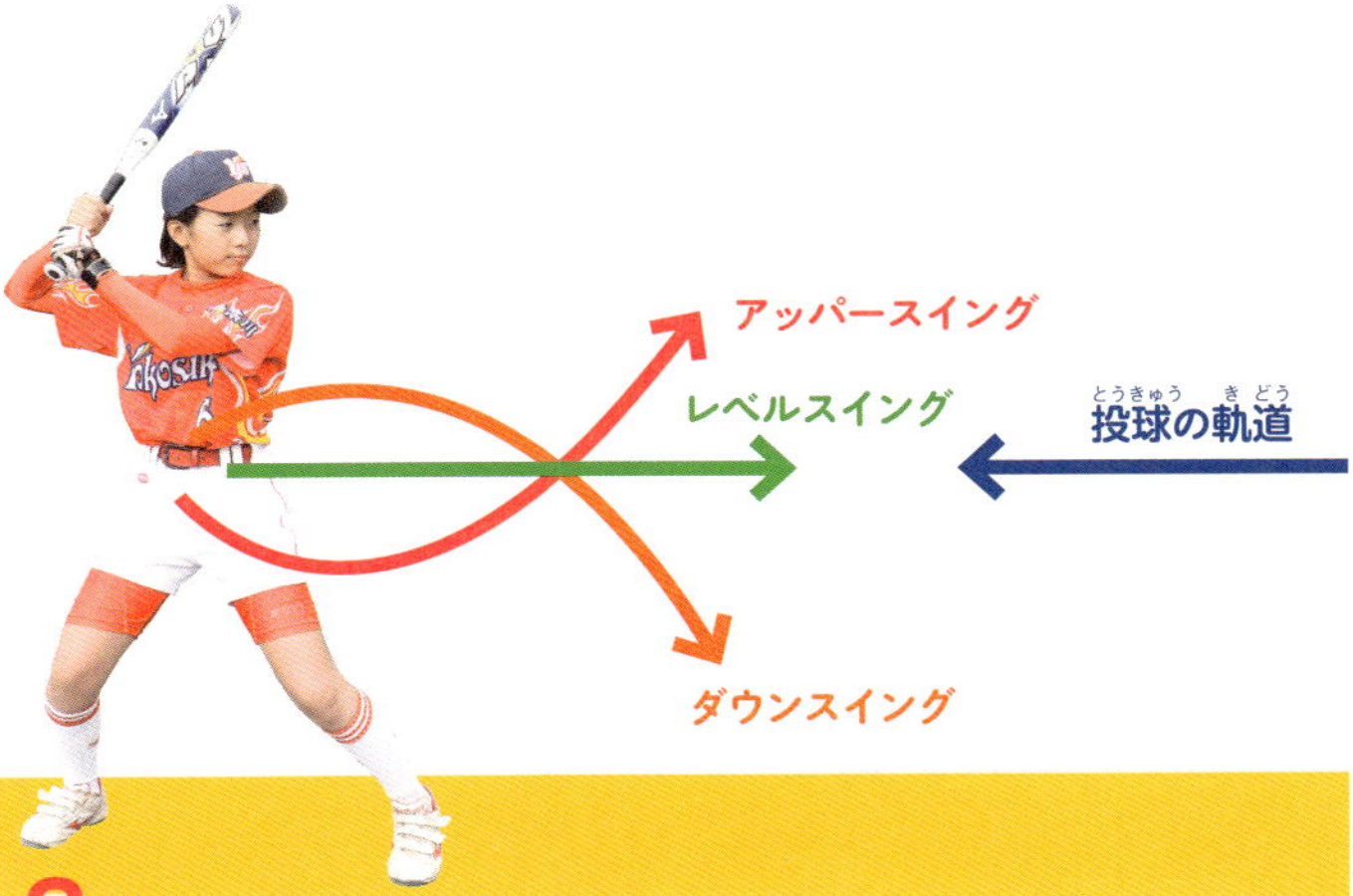

なんで

地面《じめん》と平行《へいこう》に振《ふ》って線《せん》でとらえる

投手《とうしゅ》から放《はな》たれたボールは地面《じめん》と平行《へいこう》に飛《と》んできますが、レベルスイングなら「線《せん》」でとらえることができます。バットの芯《しん》でボールの中心《ちゅうしん》をミートすると強《つよ》い打球《だきゅう》になります。目線《めせん》をブラさないようにしつつ、グリップをボールに突《つ》き刺《さ》すイメージで最短距離《さいたんきょり》でバットを出《だ》すのがポイントです。下《した》から上《うえ》に振《ふ》り上《あ》げるアッパースイングや、上《うえ》から下《した》に振《ふ》り下《お》ろすダウンスイングはボールを「点《てん》」でとらえることになるので打《う》てるポイントが限《かぎ》られてしまいます。

問題《もんだい》
17
中級《ちゅうきゅう》

インパクトの瞬間《しゅんかん》、腕《うで》はどの形《かたち》になっているのがよいでしょう？

1 後《うし》ろ側《がわ》の腕《うで》は伸《の》びきらない

2 両腕《りょううで》とも伸《の》ばしきる

3 両腕《りょううで》とも折《お》りたたむ

ヒント
hint

バットとボールが当《あ》たる瞬間《しゅんかん》のことを、インパクトといいます。この瞬間《しゅんかん》は、とくに大《おお》きな力《ちから》をボールに伝《つた》えなければなりません。

答《こた》えがわかったらページをめくってね

17の答《こた》え ▼ 1

後《うし》ろ側《がわ》の腕《うで》は伸《の》びきらない

▲バットの軌道《きどう》は地面《じめん》と平行《へいこう》に。たたんでいたヒジを一気《いっき》に伸《の》ばす

▲頭《あたま》から地面《じめん》まで１本《いっぽん》の軸《じく》を通《とお》したつもりで、最後《さいご》までまっすぐの姿勢《しせい》を保《たも》つ

なんで？

小《ち》さく鋭《するど》いスイングで力《ちから》を伝《つた》えられるから

バットが遠《とお》くから出《で》ていくと、ミートのときに腕《うで》が伸《の》びきったスイング（ドアスイング）になってしまいます。一見《いっけん》、勢《いきお》いがあるような気《き》がしますが、バットの押《お》しこみができないうえ、球威《きゅうい》に押《お》し負《ま》けてしまいます。後《うし》ろ側《がわ》の腕《うで》は伸《の》びきらないことで、小《ちい》さく鋭《するど》いスイングができます。大《おお》きな金《かな》づちでボールをたたくイメージを持《も》って取《と》り組《く》んでみましょう。

テイクバック
振《ふ》りはじめ
腰《こし》が回転《かいてん》したあとにバットが出《で》てくる
重心《じゅうしん》を後《うし》ろへ
重心《じゅうしん》を前《まえ》へ

▲ピッチングに合《あ》わせて、バットを引《ひ》きしぼることを「テイクバック」という

▲まず下半身《かはんしん》、そのあと腰《こし》が軸回転《じくかいてん》する

▲ミートポイントはヘソの前《まえ》あたり。腕《うで》をたたんで、インパクトの瞬間《しゅんかん》に手首《てくび》を使《つか》ってボールを押《お》しこむのがポイント

▶ミートポイント

バットとボールが当《あ》たる（ミートする）場所《ばしょ》のこと

POINT

でんでん太鼓《だいこ》のイメージで軸回転《じくかいてん》

スイングは、太鼓《たいこ》を少《すこ》しの力《ちから》で軸回転《じくかいてん》させただけで、ひもについた重《おも》りが勢《いきお》いよく回《まわ》る「でんでん太鼓《だいこ》」の原理《げんり》と同《おな》じです。でんでん太鼓《だいこ》の持《も》ち手《て》と太鼓部分《たいこぶぶん》が足《あし》と体《からだ》、ひもについた重《おも》りが腕《うで》とバットに相当《そうとう》します。重心《じゅうしん》を前《まえ》に移動《いどう》したことで生《う》まれた力《ちから》を、肩《かた》から足《あし》にかけてつくった「壁《かべ》」で支《ささ》え、体《からだ》を軸回転《じくかいてん》させます。体重移動《たいじゅういどう》しながら後《うし》ろの腰《こし》を前《まえ》に出《だ》し、勢《いきお》いを使《つか》って軸回転《じくかいてん》します。この力《ちから》が上半身《じょうはんしん》に伝《つた》わり、最後《さいご》に腕《うで》とバットが出《で》てくるのです。

トライ! ラダートレーニング

縄《なわ》ばしご（ラダー）を使《つか》ったトレーニングをすることで、俊敏性《しゅんびんせい》や瞬発力《しゅんぱつりょく》を鍛《きた》えることができます。ここでは基本《きほん》となるメニューを紹介《しょうかい》しますが、できるようになったらクロスステップや8の字《じ》ステップなどもやってみるといいでしょう。素早《すばや》くキレのある動《うご》きができるように取《と》り入《い》れてみてください。

メニュー例《れい》

ラダーのマス目《め》を使《つか》って、素早《すばや》い動《うご》きをしていきましょう。

ウォーミングアップでは、マス目《め》の中《なか》で1回《かい》ずつ左右《さゆう》交互《こうご》にモモを高《たか》く上《あ》げながら進《すす》みます。

マスの中《なか》で両足《りょうあし》ジャンプ、マスの外《そと》に足《あし》を開《ひら》いてジャンプし、グーパー、グーパー。

マスの中《なか》で足《あし》ぶみ、マスの外《そと》に右足《みぎあし》、左足《ひだりあし》と交互《こうご》に出《だ》しステップを踏《ふ》みます。小刻《こきざ》みに足《あし》を動《うご》かしましょう。

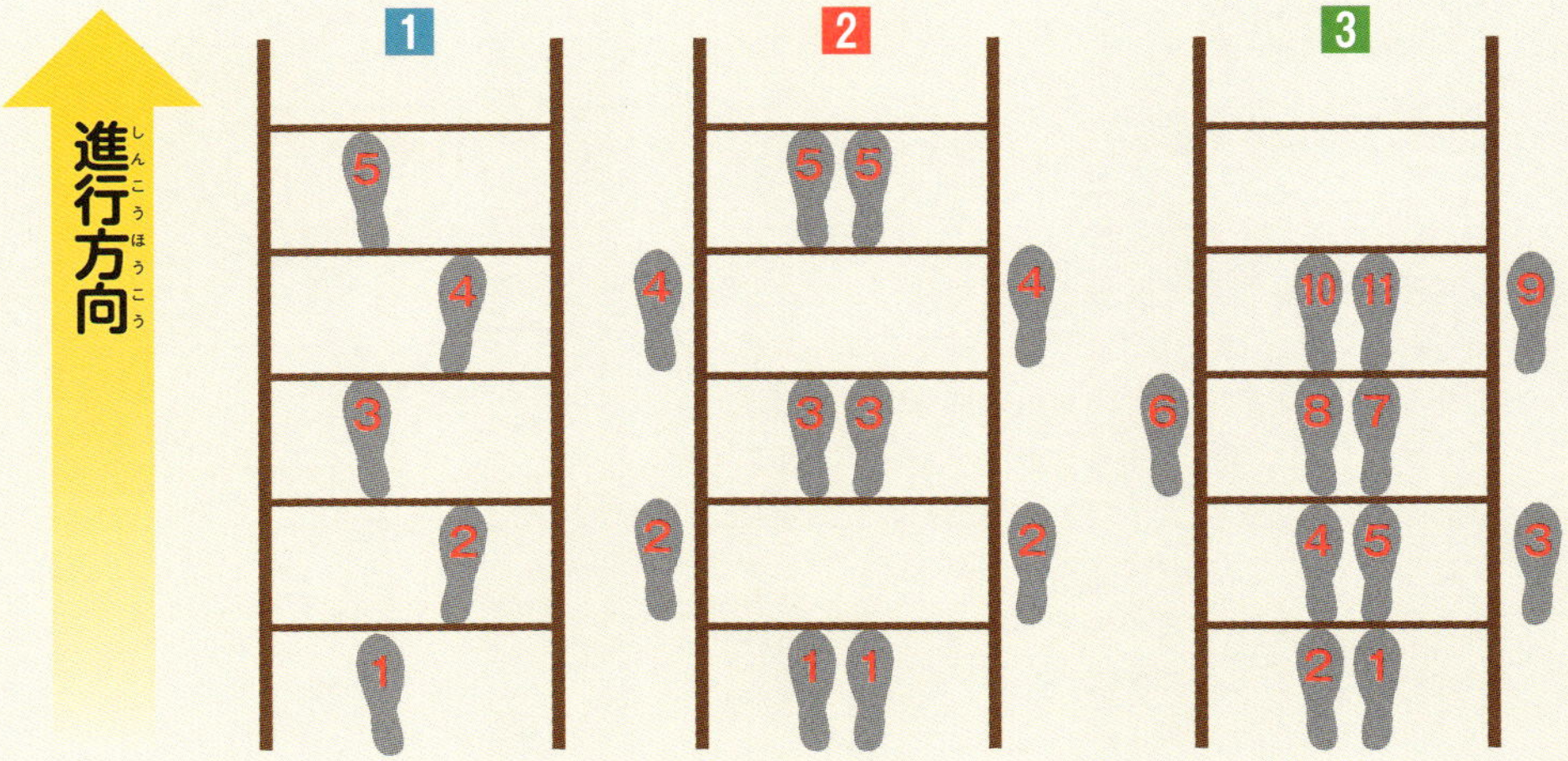

問題《もんだい》 18 中級《ちゅうきゅう》

ヒットを打《う》ったのにアウトになった！ どうしてでしょう？

1 ホームプレートを踏《ふ》んで打《う》った

2 バッターボックスから足《あし》を出《だ》して打《う》った

3 バッターボックスの線《せん》の上《うえ》に足《あし》をかけて打《う》った

ヒント hint

足《あし》の位置《いち》に注目《ちゅうもく》しましょう。

答《こた》えがわかったらページをめくってね

18の答《こた》え

1 ホームプレートを踏《ふ》んで打《う》った

2 バッターボックスから足《あし》を出《だ》して打《う》った

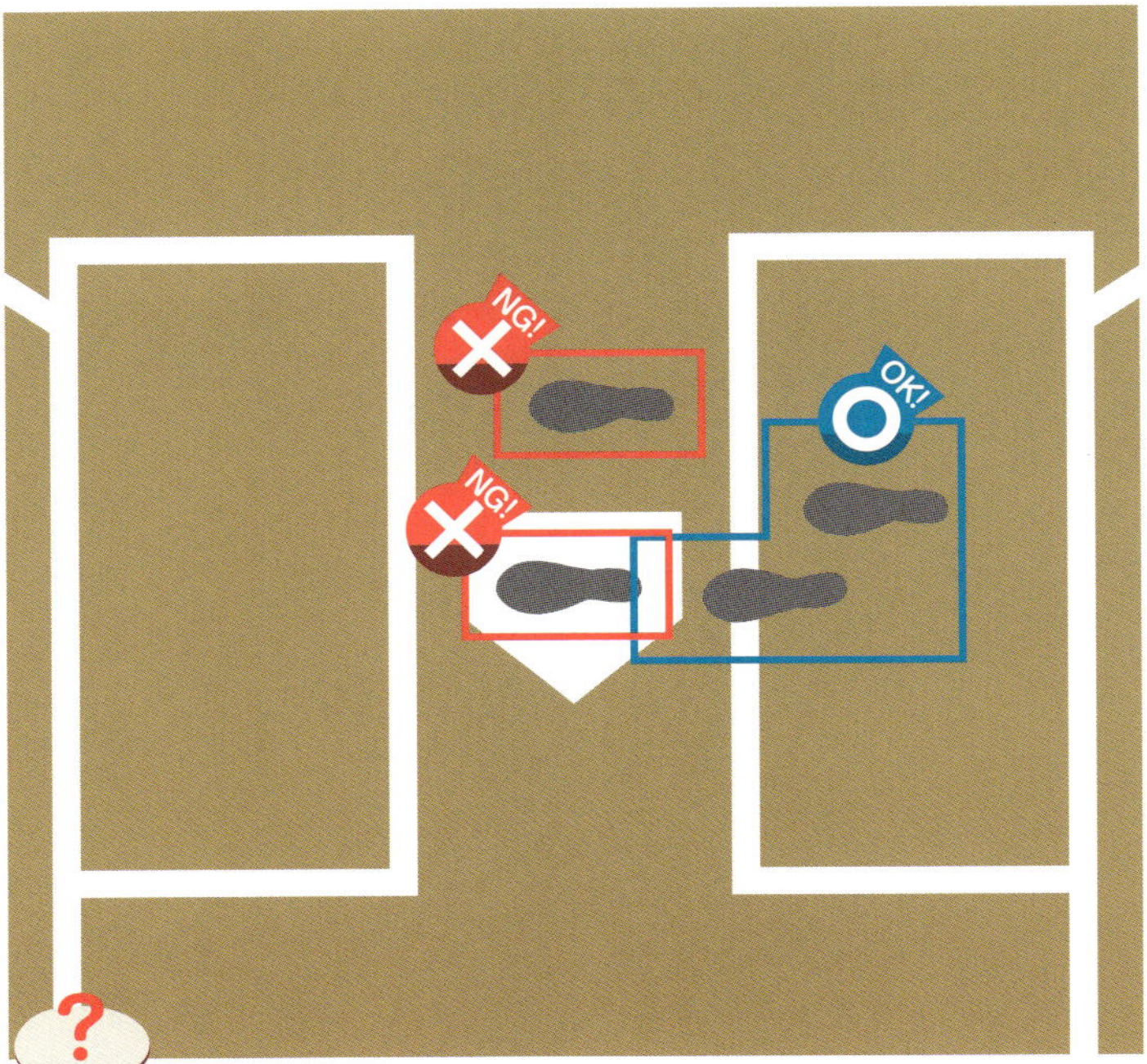

なんで

バッターボックス内《ない》で打《う》たないとアウト！

基本《きほん》のルールとして、ヒットゾーンに打《う》ったとしても、打者走者《だしゃそうしゃ》が一《いち》塁《るい》に達《たつ》する前《まえ》に守備者《しゅびしゃ》にタッチされるか、ボールを持《も》った守備者《しゅびしゃ》が一塁《いちるい》ベースを踏《ふ》めばアウト。3アウトで攻守交代《こうしゅこうたい》になります。ヒットを打《う》ってもルールにより打者《だしゃ》がアウトになることがあります。たとえば、バッターボックスの外《そと》に足《あし》を踏《ふ》み出《だ》したときや、ホームプレートを踏《ふ》んで打《う》った場合《ばあい》。バッターボックス内《ない》にいても故意《こい》に捕手《ほしゅ》の守備《しゅび》を妨害《ぼうがい》したり、本塁上《ほんるいじょう》のプレーを妨害《ぼうがい》したりすると守備妨害《しゅびぼうがい》でアウトになります。打者《だしゃ》がバットから手《て》を完全《かんぜん》に離《はな》して打《う》ったときもアウトです。

POINT

線上《せんじょう》はバッターボックス内《ない》とみなす

バッターボックスの線《せん》の上《うえ》に足《あし》がかかっても、完全《かんぜん》に外側《そとがわ》に出《で》ていなければバッターボックス内《ない》で打《う》ったことになります。かまえの立《た》ち位置《いち》やフォームを確認《かくにん》するためにもバッターボックスを意識《いしき》し、踏《ふ》み出《だ》さないように注意《ちゅうい》しましょう。

問題《もんだい》 19

上級《じょうきゅう》 中級

三振《さんしん》したのに出塁《しゅつるい》できるのは次《つぎ》のどの場面《ばめん》でしょう?

1 無死一塁《むしいちるい》で
捕手《ほしゅ》が球《たま》を後《うし》ろにそらした

2 一死一塁《いっしいちるい》で
捕手《ほしゅ》が球《たま》を後《うし》ろにそらした

3 二死一塁《にしいちるい》で
捕手《ほしゅ》が球《たま》を後《うし》ろにそらした

\ヒント/
hint

「振《ふ》り逃《に》げ」の話《はなし》ですね。いずれもランナーが一塁《いちるい》にいますが、アウトカウントによって何《なに》が違《ちが》うのでしょうか。

答《こた》えがわかったらページをめくってね

19の答《こた》え

3

二死《にし》一塁《いちるい》で捕手《ほしゅ》が球《たま》を後《うし》ろにそらしたので出塁《しゅつるい》できる権利《けんり》ができた

振《ふ》り逃《に》げできるケースは？

ルール上《じょう》、三振《さんしん》しても塁《るい》に出《で》られるのが「振《ふ》り逃《に》げ」です。無死《むし》、または一死《いっし》で走者《そうしゃ》が一塁《いちるい》にいないとき、もしくは二死《にし》（走者関係《そうしゃかんけい》なし）のときに、捕手《ほしゅ》が第《だい》3ストライクの投球《とうきゅう》を捕球《ほきゅう》できない、もしくは投球《とうきゅう》がバウンドして捕手《ほしゅ》のミットに収《おさ》まった場合《ばあい》は、打者《だしゃ》に振《ふ》り逃《に》げの権利《けんり》が生《う》まれるのです。見逃《みのが》し三振《さんしん》でも権利《けんり》が生《う》まれます。1や2のように無死《むし》や一《いっ》死《し》で一塁《いちるい》にランナーがいるときに振《ふ》り逃《に》げが認《みと》められないのは、捕手《ほしゅ》がわざと球《たま》を落《お》とし、ダブルプレーをねらうことを防《ふせ》ぐためです。振《ふ》り逃《に》げの場面《ばめん》では打者走者《だしゃそうしゃ》が一塁《いちるい》に達《たっ》するまでの間《あいだ》にボールを持《も》った守備者《しゅびしゃ》に直接《ちょくせつ》タッチされたり、打者走者《だしゃそうしゃ》よりも早《はや》くボールを持《も》った守備者《しゅびしゃ》に一塁《いちるい》を踏《ふ》まれればアウトです。

三振《さんしん》したと思《おも》っても、捕手《ほしゅ》が落球《らっきゅう》している可能性《かのうせい》もあります。いつでも走《はし》れる心《こころ》がまえをしておきましょう。

POINT

出塁《しゅつるい》できるケースを整理《せいり》しておこう

1 ヒットを打《う》つ

2 デッドボール

3 フォアボール（故意四球《こいしきゅう》）

4 振《ふ》り逃《に》げ

5 打撃妨害《だげきぼうがい》

ヒット以外《いがい》でも出塁《しゅつるい》のチャンスがあります。相手《あいて》のエラーを誘《さそ》ったり、四球《しきゅう》（フォアボール）や死球《しきゅう》（デッドボール。投球《とうきゅう》が体《からだ》やユニフォームに当《あ》たったとき）を選《えら》んだりしたときは出塁《しゅつるい》できるケースです。四球《しきゅう》には故意四球《こいしきゅう》もあります（130ページ）。また、アウトカウントと走者《そうしゃ》の状況《じょうきょう》によって第《だい》3ストライクを捕手《ほしゅ》が捕球《ほきゅう》できなかった場合《ばあい》は走者《そうしゃ》になる権利《けんり》ができるので、セーフになれば出塁《しゅつるい》できます。これを「振《ふ》り逃《に》げ」といいます。さらに「打撃妨害《だげきぼうがい》」も出塁《しゅつるい》できます。たとえば捕手《ほしゅ》にキャッチャーミットを大幅《おおはば》に前《まえ》に出《だ》され、通常《つうじょう》のスイングでぶつかったときなどです。

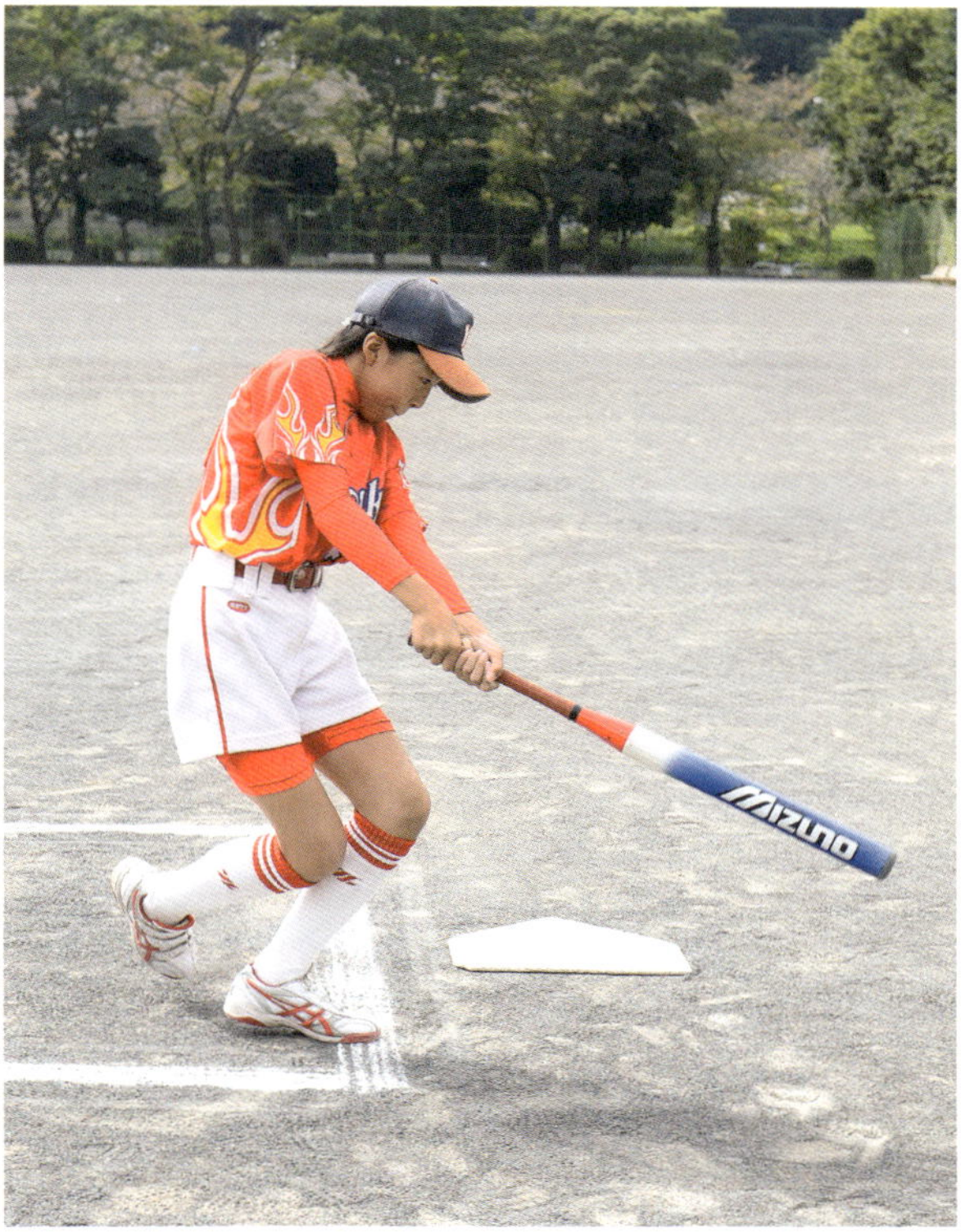

問題《もんだい》 20
初級《しょきゅう》

バッターボックスの中《なか》で走《はし》りながら打《う》ってもいいの？

1 打《う》ってもいい

2 いけない。アウトになる

セーフになるためには
どうしたら
いいかな

ヒント
hint

バッターボックスのタテの長《なが》さは213センチです。もしこれだけの距離《きょり》を助走《じょそう》に使《つか》えたら、どんな効果《こうか》があるのでしょうか。

答《こた》えがわかったらページをめくってね

20の答《こた》え ▶ 1 打《う》ってもいい

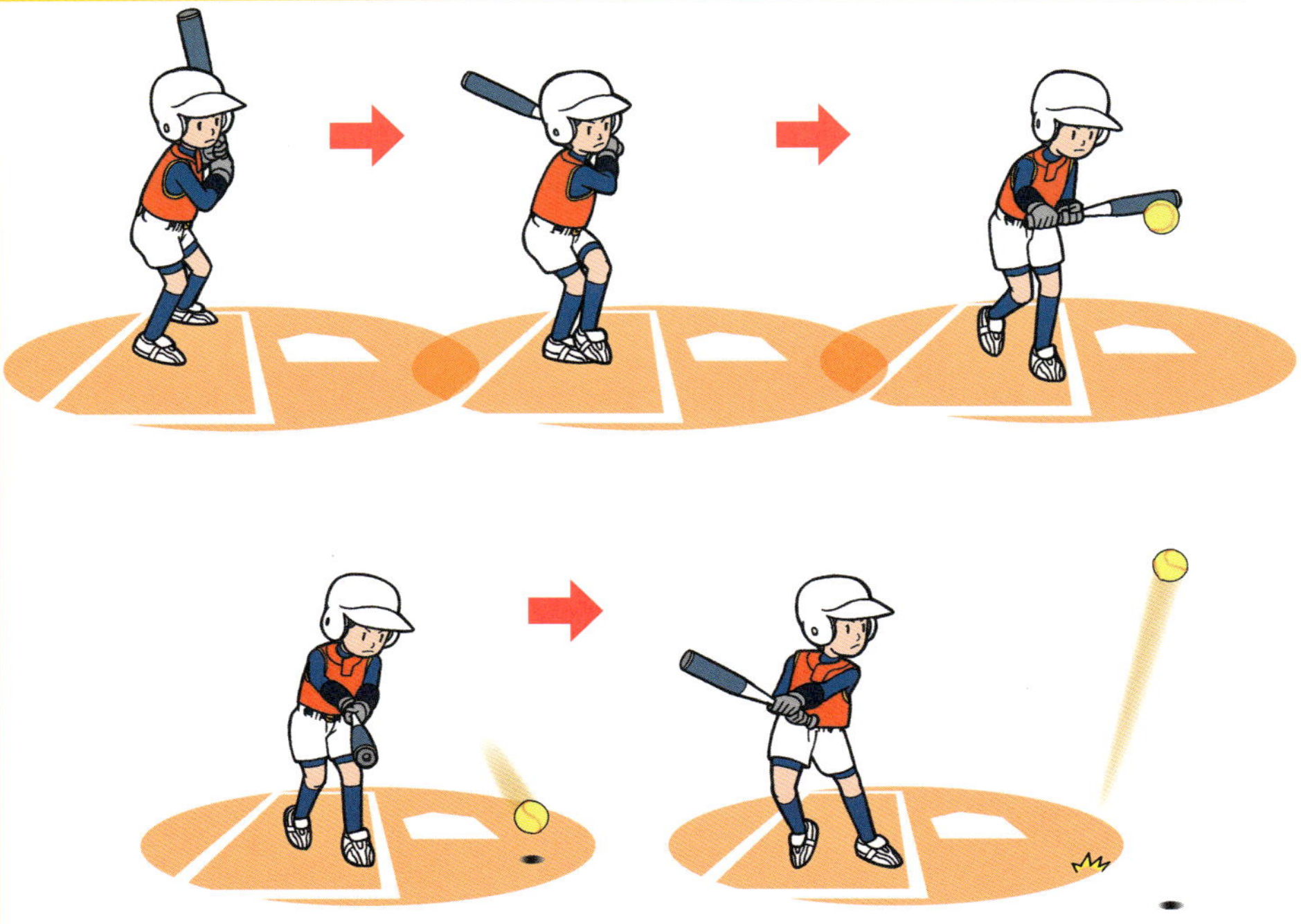

なんで

足《あし》がバッターボックスから出《で》なければOK「スラップ」は走《はし》りながら打《う》つ技術《ぎじゅつ》

スラップはバッターボックスの中《なか》で走《はし》りながら打《う》つ、ソフトボール特有《とくゆう》のバッティング方法《ほうほう》です。左打者《ひだりだしゃ》が三遊間方向《さんゆうかんほうこう》へ打《う》つことで、セーフになることをねらいます。バッターボックスのタテの長《なが》さを利用《りよう》するため、後《うし》ろのラインぎりぎりにかまえます。走《はし》りながら打《う》つことで、一塁《いちるい》に向《む》かうための助走《じょそう》ができるのです。守備者《しゅびしゃ》が打球《だきゅう》を処理《しょり》する時間《じかん》が長《なが》くなるようにします。打球《だきゅう》を強《つよ》くたたきつけて高《たか》くバウンドさせることで、ボールが落《お》ちてくるまでの時間《じかん》を長《なが》くするか、強《つよ》い打球《だきゅう》で野手《やしゅ》の間《あいだ》を抜《ぬ》くことを考《かんが》えます。たたきつけるときは、ヒザを使《つか》って左手《ひだりて》で押《お》しこむのがポイントです。バッターボックスから足《あし》が出《で》ないように気《き》をつけましょう。

問題《もんだい》

21

初級《しょきゅう》

中級

このイラストの選手《せんしゅ》がうまくバントができないのはなぜでしょう?

バントは走者《そうしゃ》（ランナー）を
次《つぎ》の塁《るい》に進《すす》めたりするときに
使《つか》う技術《ぎじゅつ》だよ

\ヒント/
hint

バントはフライを上《あ》げてしまうとランナーを進《すす》めることができないので「失敗《しっぱい》」です。つまりゴロを転《ころ》がすことが大切《たいせつ》になります。目線《めせん》やヒザはどのようにしたらゴロを転《ころ》がしやすいでしょうか。

答《こた》えがわかったらページをめくってね

21の答《こた》え

目線《めせん》とバットが離《はな》れている、ヒザが伸《の》びている　バットのヘッドが下《さ》がっている

オープンスタンス

スクエアスタンス

クローズスタンス

なんで

目線《めせん》にバットを近《ちか》づけるのがポイント

走者《そうしゃ》を確実《かくじつ》に進塁《しんるい》させたいときなどに「バント」を使《つか》います。スイングをせずにゴロを転《ころ》がすテクニックです。かまえの基本《きほん》はスクエアですが、オープンやクローズでもかまいません。投手《とうしゅ》が投球動作《とうきゅうどうさ》に入《はい》る前《まえ》からかまえておくことで確実性《かくじつせい》が上《あ》がります。

ボール球《だま》のときはバットを必《かなら》ず引《ひ》き、出《だ》したままにしないように。ストライクになってしまいます。また、ツーストライクからのバントがファウルになると「スリーバント失敗《しっぱい》」でアウトになります。

バットのヘッドを上《あ》げてバットと目線《めせん》を近《ちか》くすることで、ストライクかボールかの見極《みきわ》めがしやすくなります。ヒザを曲《ま》げてきれいなフォームでかまえてみましょう。

PO!NT

バントのときはバットの芯《しん》を外《はず》すことでボールの勢《いきお》いをころしやすくなる

POINT

高《たか》さの調整《ちょうせい》はヒザを使《つか》おう

　バントはストライクとボールの見極《みきわ》めが成否《せいひ》を分《わ》けます。

　ストライクゾーンの高《たか》めいっぱいにバットをかまえておくのも見極《みきわ》めを成功《せいこう》させるコツです。そうすれば、バットよりも高《たか》いときはボール球《だま》と判断《はんだん》できます。

　また、低《ひく》いボールがきたときは手《て》だけでバットを上下《じょうげ》させるのではなく、ヒザを柔《やわ》らかく使《つか》って調整《ちょうせい》しましょう。

▲高《たか》いボールのとき

▲低《ひく》いボールのとき

トライ!

手《て》でキャッチ

　バットに球《たま》を当《あ》てる瞬間《しゅんかん》は、後《うし》ろ側《がわ》の手《て》で球《たま》を受《う》けとるイメージで行《おこな》うと打球《だきゅう》の勢《いきお》いをころせます。この感覚《かんかく》をつかむ練習《れんしゅう》をしていきましょう。

やりかた

実際《じっさい》のピッチングよりも近《ちか》い位置《いち》でストライクゾーンにゆるめの球《たま》を投《な》げてもらい、バントのときの後《うし》ろ側《がわ》の手《て》でキャッチします。

POINT

ヒザを柔《やわ》らかく

　手《て》だけで捕《と》りにいかずヒザを柔《やわ》らかく使《つか》って上下《じょうげ》の調節《ちょうせつ》をします。やさしくボールを包《つつ》むようにキャッチしましょう。ボールの勢《いきお》いを吸収《きゅうしゅう》するイメージです。

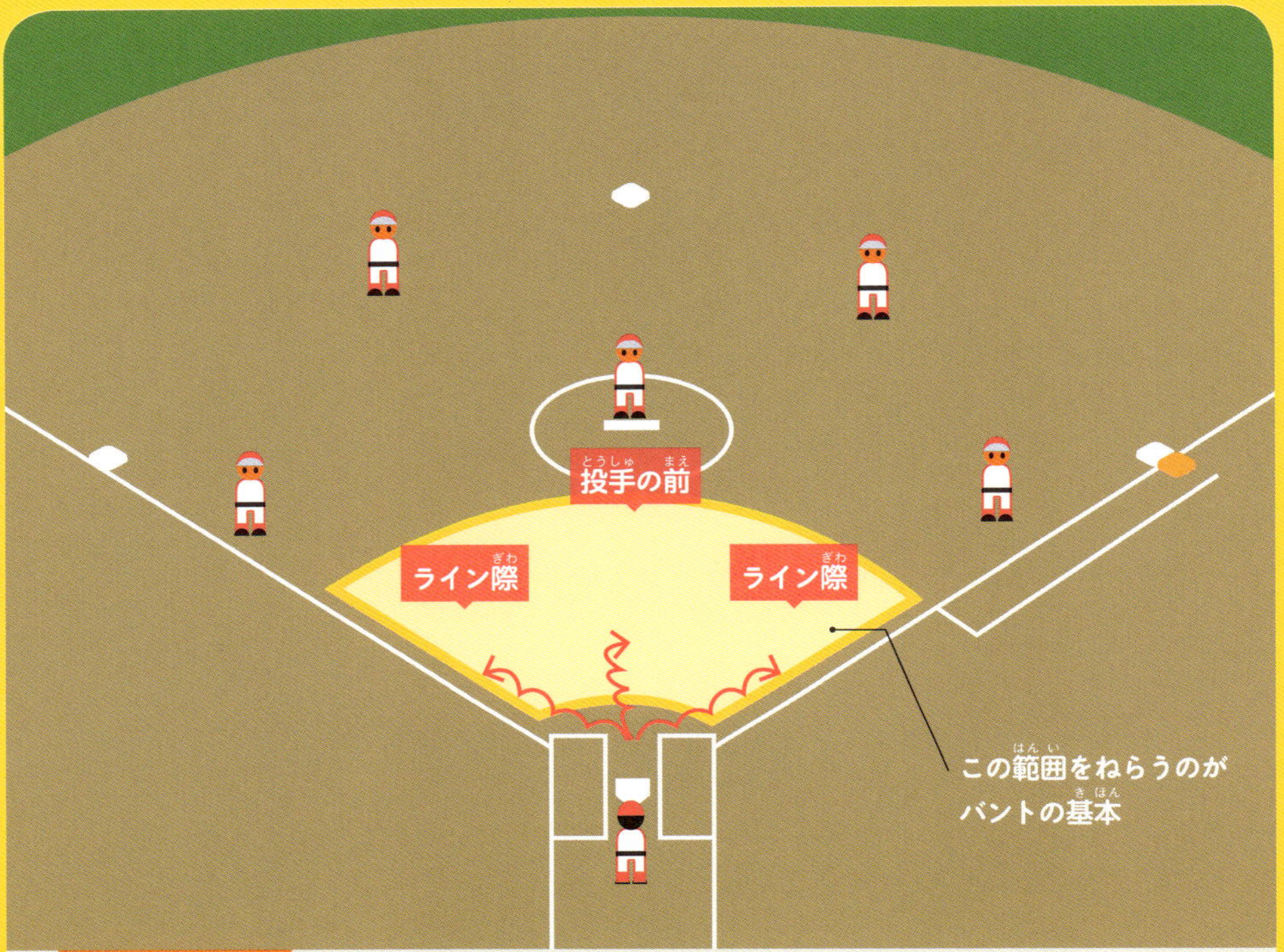
投手《とうしゅ》の前《まえ》
ライン際《ぎわ》
ライン際《ぎわ》
この範囲《はんい》をねらうのが
バントの基本《きほん》

これ知《し》ってる？ バントは内野手《ないやしゅ》が捕《と》りにくいところをねらおう

　せっかくのバントでも野手《やしゅ》の真正面《ましょうめん》に捕《と》りやすい打球《だきゅう》がいってしまうと素早《すばや》く処理《しょり》され、打者《だしゃ》だけでなく走者《そうしゃ》もアウトにされてしまいます。たとえば、走者一塁《そうしゃいちるい》だと一《いち》塁手《るいしゅ》と三塁手《さんるいしゅ》はバントを警戒《けいかい》して前《まえ》に詰《つ》めてきます。そこへ強《つよ》めのゴロを転《ころ》がしてしまったらどうなるでしょう？　最悪《さいあく》の場合《ばあい》、ダブルプレーもありうるということです。

　塁間《るいかん》が狭《せま》いソフトボールは、いかに野手《やしゅ》の間《あいだ》にボールを転《ころ》がすかがカギになります。投手《とうしゅ》の前《まえ》、野手《やしゅ》の間《あいだ》、ライン際《ぎわ》がねらい目《め》です。監督《かんとく》やコーチの指示《しじ》に従《したが》うことももちろん大切《たいせつ》ですが、相手《あいて》の守備位置《しゅびいち》や動《うご》き出《だ》しを見《み》て瞬時《しゅんじ》に打《う》つコースを変《か》えるだけの判断力《はんだんりょく》と対応力《たいおうりょく》が必要《ひつよう》です。バントのサインが出《で》たら確実《かくじつ》に「当《あ》てて転《ころ》がす」ことが大前提《だいぜんてい》、フライや空振《からぶ》りは厳禁《げんきん》です。ピッチャーはバントをさせないようにむずかしい球《たま》を投《な》げてくることもありますが、その球《たま》には手《て》を出《だ》さないようにしましょう。

ランナー一塁《いちるい》の送《おく》りバント

　相手《あいて》の守備《しゅび》の「穴《あな》（もっとも弱《よわ》いところ)」をねらうのが基本《きほん》（セオリー）です。相手《あいて》の穴《あな》が見《み》えないときはピッチャー前《まえ》かライン際《ぎわ》に勢《いきお》いをころして転《ころ》がすようなバントをします。

ランナー二塁《にるい》の送《おく》りバント

　ランナーが進《すす》む塁《るい》からできるだけ遠《とお》いほうの塁《るい》へ転《ころ》がすのが鉄則《てっそく》です。ピッチャー前《まえ》か一塁側《いちるいがわ》のライン際《ぎわ》をねらいましょう。

第《だい》5章《しょう》

守備《しゅび》の基本《きほん》を覚《おぼ》えよう

いろいろな打球《だきゅう》を捕《と》って送球《そうきゅう》
基本《きほん》の練習《れんしゅう》を応用《おうよう》しよう

「捕球《ほきゅう》から送球《そうきゅう》」をスムーズに！

投《な》げる・捕《と》るの基本《きほん》を覚《おぼ》えたら、実戦練習《じっせんれんしゅう》に近《ちか》づけていきましょう。試合《しあい》では、ゴロやライナー、フライなどさまざまな打球《だきゅう》を捕《と》ります。アウトにするための連係《れんけい》は主《おも》に内野《ないや》が行《おこな》います。いつボールが飛《と》んできてもいいようにしっかり準備《じゅんび》しましょう。捕《と》ってから投《な》げるまでのスムーズな動作《どうさ》、相手《あいて》が捕《と》りやすい送球《そうきゅう》をすることも大事《だいじ》なことです。

外野《がいや》は後《うし》ろにそらしてしまうと長打《ちょうだ》、失点《しってん》につながりやすいので、ゴロもフライも確実《かくじつ》に捕《と》れるように練習《れんしゅう》しましょう。走者《そうしゃ》を見《み》てどこに球《たま》を返《かえ》せばいいか状況判断《じょうきょうはんだん》も必要《ひつよう》になります。

試合《しあい》を想定《そうてい》した守備練習《しゅびれんしゅう》でどんな状況《じょうきょう》でもできるだけアウトがとれるように守備《しゅび》を磨《みが》いていきましょう。

問題《もんだい》

22

初級《しょきゅう》 中級 上級

真正面《ましょうめん》のゴロを捕《と》るとき グラブ側《がわ》の手《て》はどこにあるのがいい？

1 片足《かたあし》を出《だ》して、足《あし》の前《まえ》

2 両足《りょうあし》を開《ひら》き、足《あし》と足《あし》の間《あいだ》

3 足《あし》をそろえて、足《あし》の外側《そとがわ》

ヒント
hint

ゴロは「捕《と》って終《お》わり」ではありませんが、捕《と》らないと何《なに》も始《はじ》まりません。もっともミスが少《すく》なそうなのはどれでしょう。

答《こた》えがわかったらページをめくってね

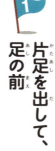

22の答《こた》え ▼ 2

両足《りょうあし》を開《ひら》き、足《あし》と足《あし》の間《あいだ》

なんで

足《あし》はサッカーゴール、手《て》はキーパー！

まずは正面《しょうめん》のゴロを捕《と》るための基本姿勢《きほんしせい》を覚《おぼ》えましょう。ゴロを捕《と》るためにはグラブが地面《じめん》に届《とど》くように低《ひく》い姿勢《しせい》をとらなければいけません。両足《りょうあし》を平行《へいこう》にして肩幅《かたはば》に開《ひら》き、ヒザを曲《ま》げて腰《こし》を落《お》とします。ボールを後《うし》ろにそらさないように、両足《りょうあし》をサッカーのゴールポストだと思《おも》い、その間《あいだ》でキーパーになるのがグラブの手《て》だとイメージしてみましょう。両足《りょうあし》よりグラブを少《すこ》し前《まえ》に出《だ》し、三角形《さんかっけい》をつくります。このときに内股《うちまた》になると十分《じゅうぶん》な低《ひく》い姿勢《しせい》がとれず、キャッチしたあとの投《な》げる動作《どうさ》にスムーズにつながりません。背《せ》すじを伸《の》ばしてしっかりと股《また》を割《わ》り、深《ふか》く腰《こし》を落《お》としましょう。

POINT

低《ひく》い姿勢《しせい》で下《した》から見《み》る

ボールを下《した》から見《み》るイメージを持《も》つとアゴが上《あ》がらず自然《しぜん》に腰《こし》を落《お》とすことができます。グラブを開《ひら》き、面《めん》をボールに向《む》けてしっかりとキャッチします。

問題《もんだい》 23

初級《しょきゅう》

左右《さゆう》のゴロは体《からだ》のどのあたりで捕《と》るのが正《ただ》しい？

1 体《からだ》より後《うし》ろで捕《と》る

2 体《からだ》の横《よこ》で捕《と》る

3 ヘソの前《まえ》で捕《と》る

ヒント
hint

ポジションにかかわらず、基本《きほん》は同《おな》じです。

23の答《こた》え

3

ヘソの前《まえ》で捕《と》る

なんで

グラブ側《がわ》は順手《じゅんて》で、逆側《ぎゃくがわ》は逆手《ぎゃくて》で捕《と》る
ゾウが鼻《はな》を振《ふ》るように下《した》から出《だ》す

体《からだ》の正面《しょうめん》で捕《と》れない球《たま》は、左右《さゆう》にグラブを出《だ》して捕《と》ります。低《ひく》い姿勢《しせい》を保《たも》ったまま、ヘソとヒザ、つま先《さき》をボールのほうへ向《む》け、打球《だきゅう》の勢《いきお》いを吸収《きゅうしゅう》するように捕《と》ることがポイントです。ゾウが左右《さゆう》に鼻《はな》を振《ふ》っているように、鼻《はな》の先《さき》が柔《やわ》らかく出《で》るイメージでボールの下《した》からグラブを出《だ》しましょう。

体《からだ》の横《よこ》や後《うし》ろにグラブを出《だ》そうとすると間《ま》に合《あ》わなかったり、はじいてしまったりするでしょう。捕《と》れたとしても体勢《たいせい》が悪《わる》く、投《な》げる動作《どうさ》のステップにつながりにくくなってしまいます。また腕《うで》を思《おも》いきり伸《の》ばして前《まえ》や横《よこ》に球《たま》を迎《むか》えにいってしまうと、上半身《じょうはんしん》が固《かた》くなりボールをはじきやすくなります。

問題《もんだい》
24
中級《ちゅうきゅう》

ゴロを捕《と》るときにエラーをしないためには体《からだ》のどこに気《き》をつけたらいいでしょう？

イレギュラーバウンドをすることもあるから、姿勢《しせい》が低《ひく》ければ低《ひく》いほどいいとはいえないね!!

＼ヒント／
hint

ゴロは地面《じめん》を這《は》って転《ころ》がってきます。ということは、高《たか》い姿勢《しせい》よりも低《ひく》い姿勢《しせい》のほうがよさそうですね。

答《こた》えがわかったらページをめくってね

24の答《こた》え

ヒザや腕《うで》の関節《かんせつ》を柔《やわ》らかく使《つか》うこと

なんで

ひもをたぐり寄《よ》せるイメージで捕《と》る

打球《だきゅう》の方向《ほうこう》に走《はし》るときは、下半《かはん》身《しん》からスタートを切《き》るつもりでヒザを曲《ま》げ、つま先《さき》を移動《いどう》する方向《ほうこう》に向《む》けます。そうすると股関節《こかんせつ》が開《ひら》き、ボールの正面《しょうめん》に入《はい》りやすく、腰《こし》を落《お》としやすくなります。球《たま》から自分《じぶん》に向《む》かってひもが伸《の》びているイメージを持《も》ち、ヒザや腕《うで》の関《かん》節《せつ》を柔《やわ》らかく使《つか》ってひもをたぐり寄《よ》せるつもりでキャッチしましょう。グラブを開《ひら》き、球《たま》にグラブの面《めん》を向《む》けることも忘《わす》れずに。キャッチするときは、上半身《じょうはんしん》が力《りき》まないようにリラックスしていると、肩甲骨《けんこうこつ》が広《ひろ》がり打球方向《だきゅうほうこう》に腕《うで》が伸《の》びやすくなります。

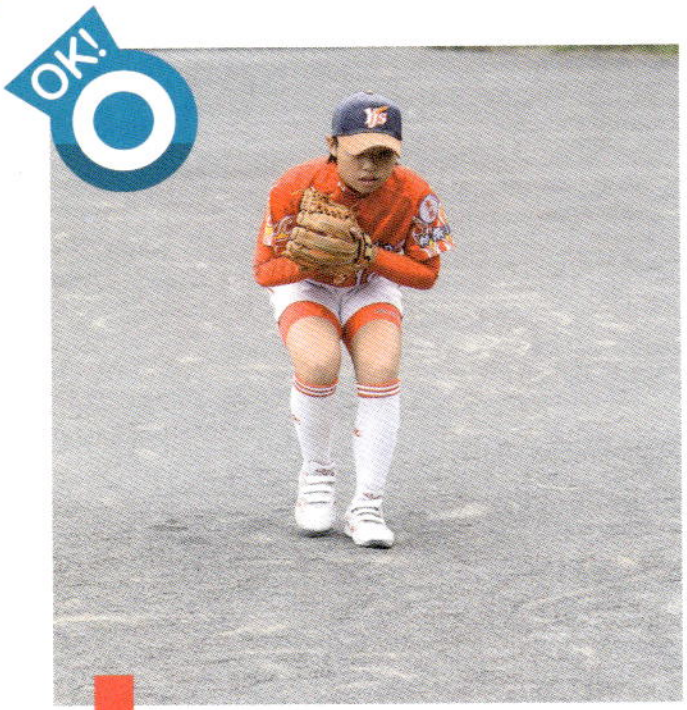

腰《こし》が高《たか》くヒザも腕《うで》も伸《の》びきっている

グラブを横《よこ》から出《だ》し、手《て》をそえていない

問題《もんだい》25

初級《しょきゅう》 中級 上級

フライを捕《と》るときの手《て》の位置《いち》はどこ?

1 おでこの前《まえ》で三角形《さんかっけい》をつくる

2 両手《りょうて》を広《ひろ》げてバンザイ

3 片手《かたて》を上《あ》げて下《した》からすくう

ヒント
hint

フライは頭上《ずじょう》から飛《と》んできますが、空《そら》の上《うえ》は風《かぜ》が吹《ふ》いていますね。打球《だきゅう》が思《おも》っていたところよりも前《まえ》、もしくは後《うし》ろに飛《と》んでくることがあります。そんなときにも対応《たいおう》できるのはどれでしょう?

答《こた》えがわかったらページをめくってね

25の答《こた》え

1

おでこの前《まえ》で三角形《さんかっけい》をつくる

前《まえ》から見《み》ると

横《よこ》から見《み》ると

なんで

ヒジを曲《ま》げて急《きゅう》な変化《へんか》にも対応《たいおう》

フライを捕《と》るときの理想《りそう》は、打球《だきゅう》の落《お》ちてくる位置《いち》を読《よ》んで素早《すばや》く落《らっ》下地点《かちてん》に入《はい》り、グラブをおでこの上《うえ》にかまえることです。早《はや》く落下地点《らっかちてん》に入《はい》るためには、打球《だきゅう》を確認《かくにん》しながら最短距離《さいたんきょり》で追《お》いかけましょう。ヒジと骨盤《こつばん》（パンツの部分《ぶぶん》）、ヒザは連動《れんどう》しますから、ヒジとヒザは軽《かる》く曲《ま》げましょう。体《からだ》のバランスがとりやすく打球《だきゅう》の急《きゅう》な変化《へんか》にも対応《たいおう》できます。逆《ぎゃく》にヒジを伸《の》ばすと骨盤《こつばん》やヒザも伸《の》びて重心《じゅうしん》が上《うえ》にいきがちです。バランスが不安定《ふあんてい》になるので落球《らっきゅう》しやすくなってしまいます。

PO!NT

- 素早《すばや》く落下地点《らっかちてん》に入《はい》る
- おでこの前《まえ》で三角形《さんかっけい》をつくる
- 逆《ぎゃく》の手《て》をグラブにそえる

問題《もんだい》 26 中級《ちゅうきゅう》

ゴロを捕《と》ったあとは塁《るい》へ投《な》げるために体《からだ》を切《き》り返《かえ》しますが、どこを中心《ちゅうしん》に回転《かいてん》したらいいでしょう？

1. ヘソに引《ひ》き上《あ》げたグラブ
2. 軸足《じくあし》になる左足《ひだりあし》
3. ボールを投《な》げる右肩《みぎかた》

ヒント
hint

ある1点《てん》を中心《ちゅうしん》に回転《かいてん》すると、とてもスムーズに捕《ほ》球《きゅう》から送球《そうきゅう》に移《うつ》ることができます。

答《こた》えがわかったらページをめくってね

26の答《こた》え

▼

1

ヘソに引《ひ》き上《あ》げたグラブ中心《ちゅうしん》にまわる

なんで

体《からだ》を小《ちい》さくまとめて回転《かいてん》

ゴロを捕球《ほきゅう》したら、球《たま》が転《ころ》がってきたのとは違《ちが》う方向《ほうこう》に投《な》げることがほとんどです。素早《すばや》く正確《せいかく》な送球《そうきゅう》のためには、体《からだ》の回転《かいてん》もポイントになるので意識《いしき》しましょう。捕球《ほきゅう》したらグラブをヘソに引《ひ》き上《あ》げ、そこを中心《ちゅうしん》に回転《かいてん》することが重要《じゅうよう》です。

これには遠心力《えんしんりょく》（回転《かいてん》するものに生《しょう》じる外向《そとむ》きの力《ちから》のこと）が関係《かんけい》しています。フィギュアスケートの選手《せんしゅ》が、トリプルアクセル（３回転半《かいてんはん》ジャンプ）などを飛《と》ぶときは腕《うで》をたたんでいますね。体《からだ》や手《て》を開《ひら》くと重心《じゅうしん》が外《そと》に流《なが》れてしまうためです。ソフトボールも同《おな》じです。体《からだ》を小《ちい》さくまとめたほうが、遠心力《えんしんりょく》の影響《えいきょう》を受《う》けにくくなり、スムーズに送球《そうきゅう》できるのです。

▲捕《と》ったらグラブをヘソに引《ひ》き上《あ》げ、体《からだ》を開《ひら》かず小《ちい》さく速《はや》く回転《かいてん》

▲投《な》げる方向《ほうこう》につま先《さき》を向《む》けて送球《そうきゅう》へ

POINT

よくあるエラーの対処法《たいしょほう》

よくあるエラーに、体《からだ》が流《なが》れてしまったことによる送球《そうきゅう》ミスがあります。多《おお》くは遠心力《えんしんりょく》に負《ま》けてしまったことが原因《げんいん》です。体《からだ》をコンパクトにたたみ、足《あし》をしっかりと踏《ふ》んばりましょう。

じょじょに低《ひく》い姿勢《しせい》になりながらゴロの正面《しょうめん》に入《はい》る

ボールの速《はや》さと補球《ほきゅう》のタイミングをうまく合《あ》わせる

踏《ふ》んばる

▲左《ひだり》に捕《と》りにいくときは左足《ひだりあし》で踏《ふ》んばる

写真以外《しゃしんいがい》の方向《ほうこう》に
体《からだ》を回転《かいてん》させるときも、
「ヘソ」を意識《いしき》するとスムーズに
補球《ほきゅう》から送球《そうきゅう》に移《うつ》れるよ

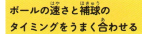

これ知《し》ってる?

連係《れんけい》プレーでアウトが二《ふた》つ以上《いじょう》とれる！ ダブルプレーとトリプルプレー

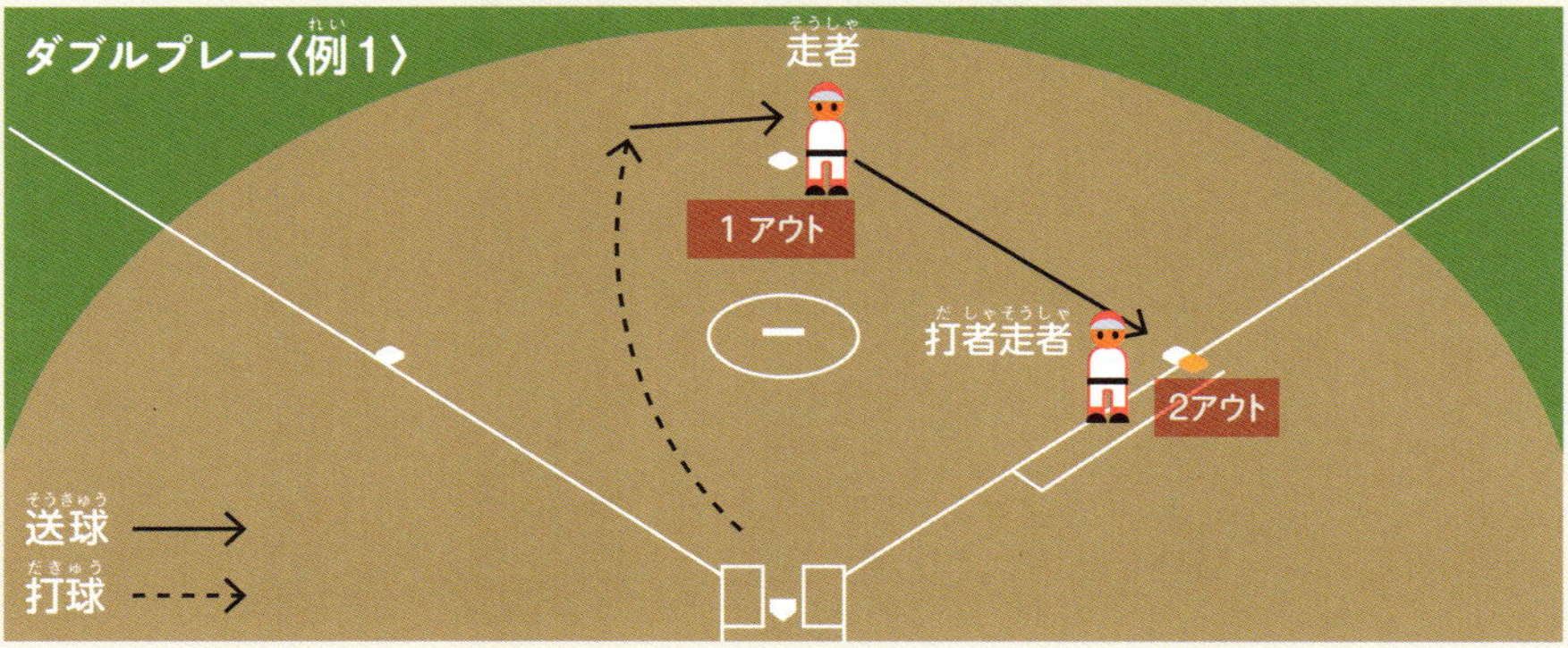

ダブルプレー（併殺《へいさつ》）：アウトを二《ふた》つとる

一連《いちれん》のプレーの中《なか》で走者2人《そうしゃふたり》、または走者《そうしゃ》と打者《だしゃ》をアウトにすることです。

〈例《れい》1〉無死一塁《むしいちるい》で、打者《だしゃ》がショートゴロを打《う》った場合《ばあい》を想定《そうてい》します。二塁《にるい》のフォースアウト（ベースを踏《ふ》めばアウト）と打者走者《だしゃそうしゃ》を一塁《いちるい》でアウトにしダブルプレーが成立《せいりつ》。

〈例《れい》2〉一死一塁《いっしいちるい》で打者《だしゃ》が三振《さんしん》。同時《どうじ》に走者《そうしゃ》が盗塁《とうるい》をしたことで、二塁《にるい》でタッチアウト。一連《いちれん》のプレーで二《ふた》つのアウトをとればダブルプレーです。

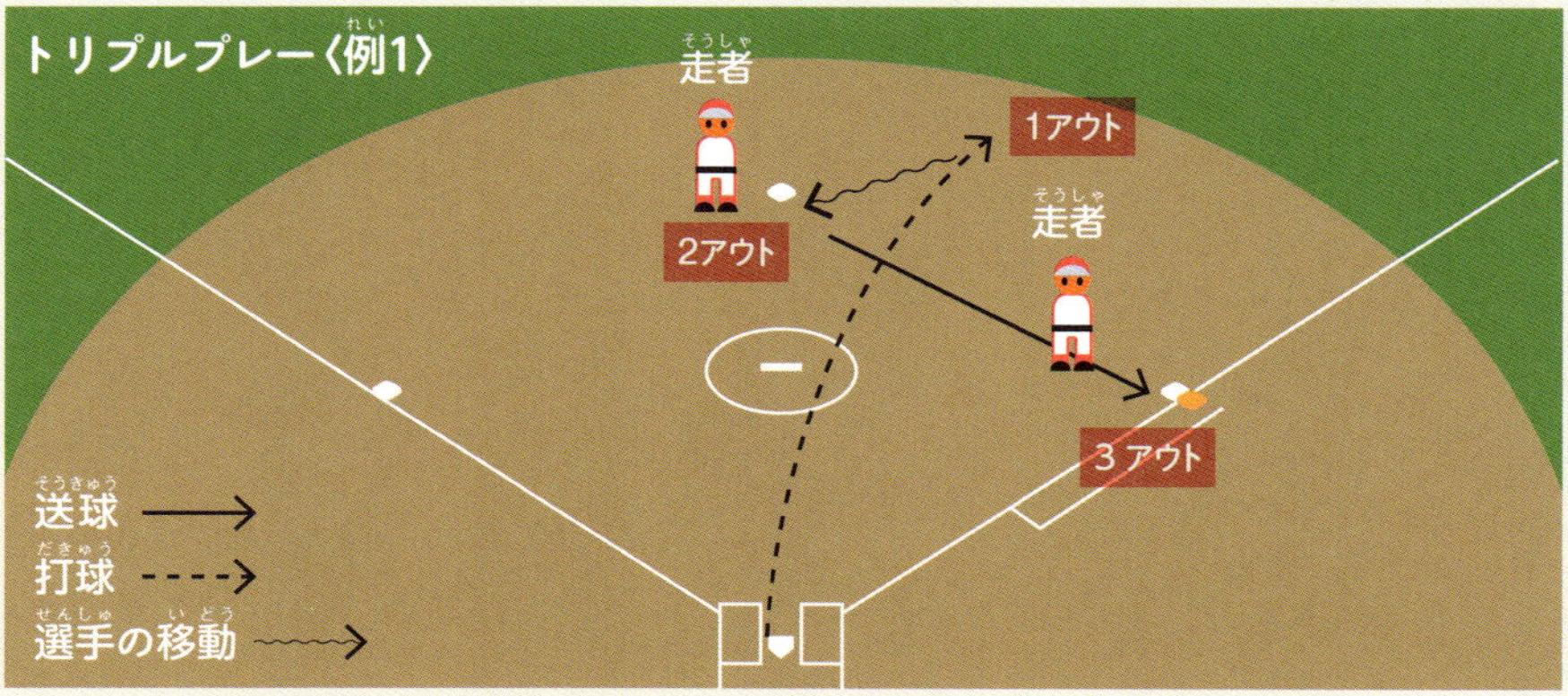

トリプルプレー（三重殺《さんじゅうさつ》）：アウトを３つとる

一連《いちれん》のプレーの中《なか》で走者《そうしゃ》3人《にん》、または走者《そうしゃ》と打者《だしゃ》の3人《にん》をアウトにすることです。

〈例《れい》1〉無死一二塁《むしいちにるい》で打者《だしゃ》がヒット性《せい》のセカンドライナーを打《う》った場合《ばあい》を想定《そうてい》します。両方《りょうほう》のランナーが飛《と》び出《だ》し、ともにフォースアウトにできればトリプルプレーが成立《せいりつ》します。

〈例《れい》2〉無死満塁《むしまんるい》で、チップしたような当《あ》たりの悪《わる》いキャッチャーゴロに。捕手《ほしゅ》が本塁《ほんるい》を踏《ふ》み、即座《そくざ》に二塁《にるい》→一塁《いちるい》とフォースアウトにできればトリプルプレーが成立《せいりつ》します。

問題《もんだい》 27
上級《じょうきゅう》 中級

ダブルプレーをとるために大切《たいせつ》なことはなんでしょう?

1. 送球《そうきゅう》とベースカバーの呼吸《こきゅう》を合《あ》わせる
2. 走者《そうしゃ》のじゃまをする
3. とにかく早《はや》く、強《つよ》く送球《そうきゅう》する

ヒント
hint

素早《すばや》く、連続《れんぞく》してアウトをとれなければダブルプレーは成立《せいりつ》しません。さあ、どうしたらいいでしょう?

答《こた》えがわかったらページをめくってね

27の答《こた》え

1

送球《そうきゅう》とベースカバーの呼吸《こきゅう》を合《あ》わせる

なんで

二塁手《にるいしゅ》と遊撃手《ゆうげきしゅ》の連係《れんけい》が大事《だいじ》

ダブルプレーは走者一塁《そうしゃいちるい》のときによく起《お》きます。とくに多《おお》いのは二塁《にるい》手《しゅ》がゴロを捕《と》ったら遊撃手《ゆうげきしゅ》が（写真《しゃしん》のように）、遊撃手《ゆうげきしゅ》が捕《と》った場合《ばあい》は二塁手《にるいしゅ》が二塁《にるい》ベースに入《はい》り、一塁《いちるい》に送球《そうきゅう》するケースです。

ゴロを捕球《ほきゅう》した選手《せんしゅ》は、捕球《ほきゅう》した位置《いち》から塁《るい》までの距離《きょり》から上手投《うわてな》げか下《した》からのトスかを判断《はんだん》し、ベースカバーのタイミングと合《あ》わせることが重要《じゅうよう》です。トスし終《お》わったあとは守備者同士《しゅびしゃどうし》がぶつかったり、送球《そうきゅう》のじゃまになったりしないよう、すぐによけましょう。ボールを持《も》っていない守備者《しゅびしゃ》が、走者《そうしゃ》が走《はし》ろうとする線上《せんじょう》に立《た》っていると走塁妨害《そうるいぼうがい》をとられることもあるので注意《ちゅうい》が必要《ひつよう》です。

二塁手《にるいしゅ》がゴロを捕《と》ったとき

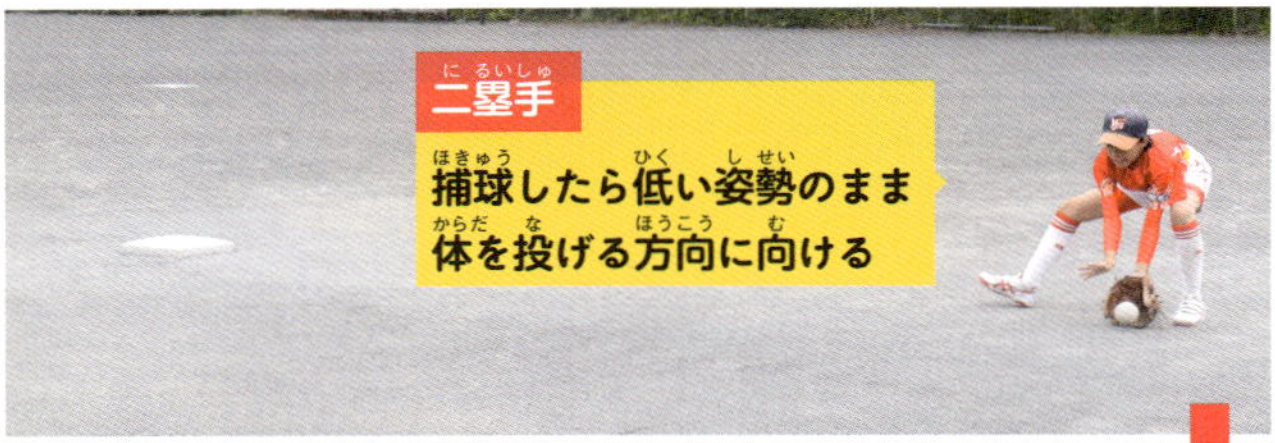
二塁手《にるいしゅ》
捕球《ほきゅう》したら低《ひく》い姿勢《しせい》のまま
体《からだ》を投《な》げる方向《ほうこう》に向《む》ける

遊撃手《ゆうげきしゅ》/二塁手《にるいしゅ》
トスのスピードを
考《かんが》えてタイミングをとる

遊撃手《ゆうげきしゅ》
二塁《にるい》ベースを
サッとタッチする

二塁手《にるいしゅ》
走者《そうしゃ》や遊撃手《ゆうげきしゅ》のじゃまに
ならない位置《いち》によける

問題《もんだい》 28
中級《ちゅうきゅう》

外野手《がいやしゅ》がゴロを捕《と》るときに気《き》をつけるポイントはなんでしょう?

1. かっこよく片手《かたて》で捕《と》って相手《あいて》を驚《おどろ》かせる
2. 後《うし》ろにそらさず確実《かくじつ》に捕球《ほきゅう》する
3. ダイビングキャッチをしてチームを盛《も》り上《あ》げる

\ヒント/
hint

走者《そうしゃ》がいないときを想定《そうてい》しています。また、ポジションにかかわらず、守備《しゅび》は一《ひと》つひとつのプレーをミスなく行《おこな》うことが大切《たいせつ》です。

 ☜ 答《こた》えがわかったらページをめくってね

28の答《こた》え

▼ 2

後《うし》ろにそらさず確実《かくじつ》に捕球《ほきゅう》する

▲ボールに向《む》かい
低《ひく》い姿勢《しせい》で走《はし》る

▲ヒザをついて
確実《かくじつ》にキャッチ

▲起《お》き上《あ》がりながら
状況《じょうきょう》を確認《かくにん》

なんで

片《かた》ヒザをついてがっちりキャッチ

とくに外野手《がいやしゅ》は後《うし》ろに味方《みかた》がいないので、落《お》ち着《つ》いて確実《かくじつ》にキャッチしましょう。かまえているときからボールを見失《みうしな》わないようにしつつ、ヒザを軽《かる》く曲《ま》げていつでも反応《はんのう》できるように準備《じゅんび》しておくことが大切《たいせつ》です。打球《だきゅう》が転《ころ》がってきたら最短距離《さいたんきょり》で走《はし》り、低《ひく》い姿勢《しせい》で捕球《ほきゅう》します。とくに初心者《しょしんしゃ》のうちは片《かた》ヒザをつくことで、ボールを後《うし》ろにそらしてしまうミス「トンネル」を防《ふせ》げます。

問題《もんだい》
29
中級《ちゅうきゅう》

外野《がいや》の頭《あたま》を越《こ》える大《おお》きなフライはどうやって捕《と》る？

1 打球《だきゅう》を目《め》で追《お》いながら走《はし》って捕《と》りにいく

2 まずは後方《こうほう》にダッシュして、あとで球《たま》を探《さが》す

3 バンザイしながらゆっくり下《さ》がる

＼ヒント／
hint

大《おお》きなフライは、失点《しってん》につながりやすいです。判断《はんだん》をまちがえると大変《たいへん》なことに……。

答《こた》えがわかったらページをめくってね

右でも左でも、まちがえていたら途中で直せばいいから、とにかく1歩目を素早く出すことが大事だよ

29の答え ▶ 1

打球を目で追いながら走って捕りにいく

右側の打球なら右足を引く

左側の打球なら左足を引く

なんで？

打球の方向に合わせて片足を引こう
足を引くと自然と体の向きが変わる

守備位置よりも後方にフライが飛んだら、素早く落下地点に入らなければいけません。打球から目を離さず、全力で走りましょう。ポイントは、たとえば左側の打球を追うときは左足を後方に引いて、つま先を落下地点のほうに向けること。こうすることで最短距離で落下地点に向かうことができます。

グラブの手は胸で抱えるようにするとバランスがとりやすいです。また、守備者同士がぶつかることを避けるために、自分が捕るときは「オーライ！」「OK！」などと声を出すことも大切です。

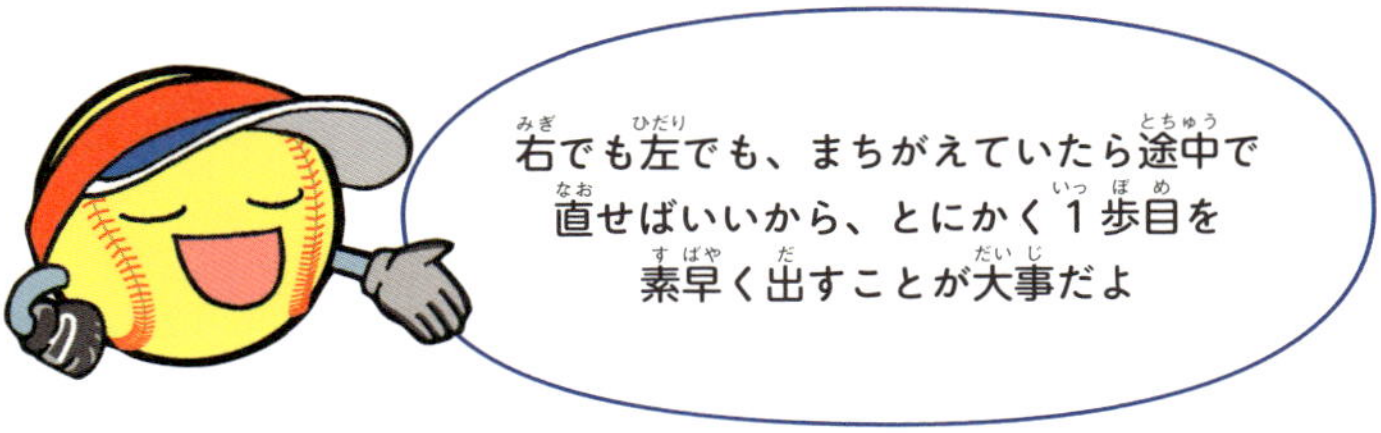

トライ! 片手《かたて》キャッチからバックホーム

得点圏《とくてんけん》に走者《そうしゃ》がいたらできるだけ早《はや》く本塁《ほんるい》に送球《そうきゅう》（バックホーム）して失点《しってん》を防《ふせ》ぎます。スピードが重要《じゅうよう》なので、片手《かたて》でキャッチするシーンです。写真《しゃしん》を見《み》ながらポイントを整理《せいり》していきましょう。

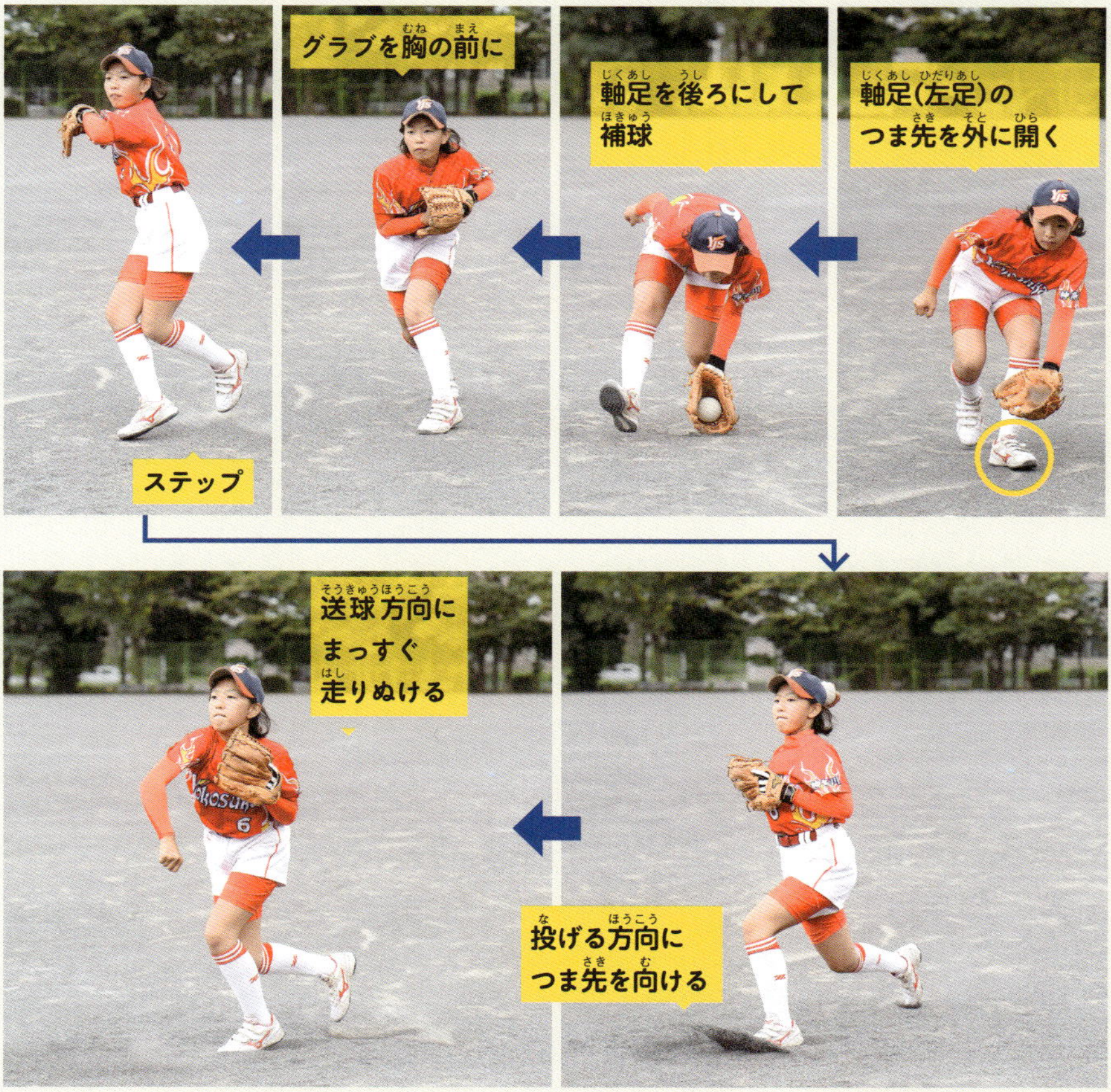
軸足《じくあし》(左足《ひだりあし》)の
つま先《さき》を外《そと》に開《ひら》く
軸足《じくあし》を後《うし》ろにして
補球《ほきゅう》
グラブを胸《むね》の前《まえ》に
ステップ
投《な》げる方向《ほうこう》に
つま先《さき》を向《む》ける
送球《そうきゅう》方向《ほうこう》に
まっすぐ
走《はし》りぬける

やりかた

グラブ側《がわ》の軸足《じくあし》が後《うし》ろになるようにキャッチ。このときに軸足《じくあし》のつま先《さき》を外《そと》に開《ひら》くと腰《こし》を落《お》としやすい。体勢《たいせい》を立《た》て直《なお》しながらグラブを胸《むね》の前《まえ》に上《あ》げ、ステップをして力強《ちからづよ》い球《たま》を投《な》げます。投《な》げ終《お》わったら送球《そうきゅう》した方向《ほうこう》へまっすぐ走《はし》りぬけるようにすると、コントロールが定《さだ》まりやすいです。

これ知《し》ってる？ 中継《ちゅうけい》プレー

外野手《がいやしゅ》が捕球《ほきゅう》したあと、走者《そうしゃ》が進塁《しんるい》しようとしている塁《るい》まで遠《とお》いときは、間《あいだ》に内野手《ないやしゅ》をはさむことがあります。中継《ちゅうけい》プレー（カットプレー）と呼《よ》ばれるプレーです。投《な》げる塁《るい》と外野手《がいやしゅ》を結《むす》んだ直線上《ちょくせんじょう》に内野手《ないやしゅ》（中継者《ちゅうけいしゃ》）が入《はい》るのがポイントです。

▲早《はや》くボールを運《はこ》ぶため一直線《いっちょくせん》になる

▲ジグザグになっているとロスしてしまう

▲中継者《ちゅうけいしゃ》が大《おお》きな声《こえ》とジェスチャーで呼《よ》ぶ

▲中継点《ちゅうけいてん》に入《はい》り半身《はんみ》でキャッチ

やりかた

中継者《ちゅうけいしゃ》は、送球《そうきゅう》する塁《るい》の直線上《ちょくせんじょう》に素早《すばや》く入《はい》ります。外野《がいや》の選手《せんしゅ》にわかるように声《こえ》を出《だ》し、半身《はんみ》になって球《たま》を受《う》けましょう。ボールの勢《いきお》いを利用《りよう》しながら送球《そうきゅう》するのがポイントです。

第《だい》 6 章《しょう》

走塁《そうるい》を
身《み》につけよう

ルールとコツを身《み》につけて練習《れんしゅう》から積極的《せっきょくてき》に走《はし》ろう

勝《か》つためには得点《とくてん》が必要《ひつよう》

走塁《そうるい》は、短距離《たんきょり》を速《はや》く走《はし》れればいいというだけではありません。速《はや》く走《はし》れるように練習《れんしゅう》することは大切《たいせつ》ですが、ソフトボールではスタートする勇気《ゆうき》やスムーズなベースのまわり方《かた》、状況判断《じょうきょうはんだん》が必要《ひつよう》になってきます。試合《しあい》のときに、走者《そうしゃ》が三塁《さんるい》まで進《すす》んでいれば点《てん》が入《はい》ったのに……。点《てん》が入《はい》っていれば勝《か》てたのに……ということも起《お》こります。強《つよ》いチームは打撃練習《だげきれんしゅう》をたくさんしているように思《おも》いがちですが、実《じつ》は走塁練習《そうるいれんしゅう》もたくさんしているのです。

ソフトボールはダブルベースがあったり、塁間《るいかん》が短《みじか》かったりするので、独特《どくとく》なルールや走塁《そうるい》のポイントがあります。試合《しあい》のときに自信《じしん》を持《も》って走《はし》れるように、しっかり走塁《そうるい》を覚《おぼ》えて練習《れんしゅう》しましょう。

問題《もんだい》 30

初級《しょきゅう》

一塁《いちるい》ベースまでの走《はし》り方《かた》はどれが正《ただ》しいでしょう？

外側《そとがわ》の線《せん》は「スリーフットライン」と呼《よ》ばれるラインだよ

1 内側《うちがわ》に寄《よ》ってフェアゾーンを走《はし》る

2 ファウルラインと外側《そとがわ》の線《せん》の間《あいだ》を走《はし》る

3 大《おお》まわりで外側《そとがわ》の線《せん》のさらに外《そと》を走《はし》る

ヒント hint

最短距離《さいたんきょり》で一塁《いちるい》ベースまで到達《とうたつ》できるのはどれかな？　また選択肢《せんたくし》の中《なか》にはルール上《じょう》、状況《じょうきょう》によっては違反《いはん》になるものもあります。

30の答《こた》え ▼ 2

ファウルラインと外側《そとがわ》の線《せん》の間《あいだ》を走《はし》る

▲オレンジベースを踏《ふ》んで走《はし》りぬけたら、ステップして止《と》まりフェアゾーンを見《み》よう

◀ファウルラインより内側《うちがわ》や、外側《そとがわ》の線《せん》のさらに外側《そとがわ》を走《はし》ると、捕手《ほしゅ》などからの送球《そうきゅう》のじゃまになりやすく、故意《こい》でなくても「守備妨害《しゅびぼうがい》」とみなされることがある。気《き》をつけよう

POINT

守備妨害《しゅびぼうがい》をとられないようにしつつ 最短距離《さいたんきょり》でスピードを落《お》とさず走《はし》ろう

ファウルラインの3フット（0.91メートル）外側《そとがわ》にある線《せん》をスリーフットラインと呼《よ》び、走者《そうしゃ》はこの線《せん》の内側《うちがわ》のスリーフットレーンを走《はし》ります。もしファウルラインより内側《うちがわ》やスリーフットレーンの外側《そとがわ》を走《はし》っているときに守備《しゅび》の妨《さまた》げになると、「守備妨害《しゅびぼうがい》」でアウトになります。

また、ベースの手前《てまえ》でスピードが落《お》ちないように1メートル奥《おく》にベースがあるつもりで走《はし》りぬけます。急《きゅう》に止《と》まるとケガの原因《げんいん》にもなるので、小刻《こきざ》みにステップしながら止《と》まり、打球《だきゅう》と状況《じょうきょう》を確認《かくにん》しましょう。

問題《もんだい》31

初級《しょきゅう》

一塁《いちるい》ベースのどのあたりを踏《ふ》めばいいでしょう？

このシーンは一塁《いちるい》かけ抜《ぬ》けだね。スピードに乗《の》って走《はし》るのが重要《じゅうよう》だよ

1 確実《かくじつ》に真《ま》ん中《なか》

2 できるだけ奥側《おくがわ》

3 できるだけ手前《てまえ》

\ヒント/ hint

次《つぎ》の姿勢《しせい》に移《うつ》りやすいのはどれでしょう。

答《こた》えがわかったらページをめくってね

31の答《こた》え ▼ 3

できるだけ手前《てまえ》

なんで

前傾姿勢《ぜんけいしせい》を保《たも》つために手前《てまえ》を踏《ふ》もう
ベースの内側《うちがわ》を踏《ふ》むことで
方向転換《ほうこうてんかん》もしやすい

　ソフトボールは塁間《るいかん》が短《みじか》いので、送球《そうきゅう》と走者《そうしゃ》とどちらが早《はや》いか一瞬《いっしゅん》の勝負《しょうぶ》になることがあります。ほんの少《すこ》しでも早《はや》く塁《るい》に達《たっ》するようにベースの手前《てまえ》を踏《ふ》みます。短《みじか》いダッシュは後傾姿《こうけいし》勢《せい》になるとスピードがつきにくいので、やや前傾姿勢《ぜんけいしせい》でベースの奥《おく》にゴールがあるつもりで走《はし》りぬけます。大《おお》きな当《あ》たりなどで、そのまま二塁《にるい》、三塁《さんるい》に進《すす》むときも、短《みじか》い距離《きょり》で速《はや》くまわれるようにベースの内側《うちがわ》を踏《ふ》みます。ベースの内側《うちがわ》を踏《ふ》むと、しっかりけることができ方向転《ほうこうてん》換《かん》もしやすくスピードが落《お》ちにくくなります。走塁《そうるい》のときはいつもベースの手前《てまえ》、内側《うちがわ》を踏《ふ》むように心《こころ》がけましょう。

▲ベースを踏《ふ》む足《あし》は左右《さゆう》どちらでもいいので、内側《うちがわ》の角《かど》を踏《ふ》むとけりやすい

▲ベースの真《ま》ん中《なか》だと大《おお》まわりになりやすく、けってスピードに乗《の》れない

これ知《し》ってる？ 先《さき》の塁《るい》へはベースの少《すこ》し手前《てまえ》で外側《そとがわ》にふくらむ

二《ふた》つ以上先《いじょうさき》の塁《るい》を目指《めざ》して走《はし》るベースランニングは、ヒットを打《う》ったときも走者《そうしゃ》のときも得点《とくてん》につながりやすいので重要《じゅうよう》です。次《つぎ》の塁《るい》には直線的《ちょくせんてき》に走《はし》りますが、ベース上《じょう》から直角《ちょっかく》に曲《ま》がるのはむずかしくスピードが止《と》まってしまうので、ベースの少《すこ》し手前《てまえ》で外側《そとがわ》にふくらむのがポイントです。ベースを踏《ふ》むときは内側《うちがわ》の角《かど》をけって、方向転換《ほうこうてんかん》します。このときにつま先《さき》とヘソを行《い》きたい方向《ほうこう》に向《む》けて、腰《こし》を切《き》ることを意識《いしき》することがコツです。またカーブするときに体《からだ》を内側《うちがわ》に傾《かたむ》けて走《はし》ると、曲《ま》がりやすくなります。ベースを踏《ふ》んでから大《おお》まわりするとロスになってしまうので、最短距離《さいたんきょり》で走《はし》ることを心《こころ》がけましょう。

OK!
ヘソは二塁《にるい》に向《む》く
つま先《さき》も二塁《にるい》に向《む》く

◀内側《うちがわ》に傾《かたむ》き、ベースの手前《てまえ》でふくらみ内側《うちがわ》にコースをとる

NG!

◀ベースを踏《ふ》んでから大《おお》まわりするとロスしてしまう

トライ!

なわとび

リズミカルにジャンプすることで下半身《かはんしん》や体幹《たいかん》を鍛《きた》えましょう。
俊敏性《しゅんびんせい》や持久力《じきゅうりょく》も向上《こうじょう》します。

やりかた

軽《かる》くワキをしめ、ヒジから手《て》が地面《じめん》と平行《へいこう》になるくらいの高《たか》さでなわとびをします。両足《りょうあし》ジャンプでリズミカルにとびましょう。無理《むり》なく下半身《かはんしん》や体幹《たいかん》を鍛《きた》えられ、俊敏性《しゅんびんせい》や持久《じきゅう》力《りょく》も向上《こうじょう》します。

注意点《ちゅういてん》

体《からだ》が成長途中《せいちょうとちゅう》の小学生《しょうがくせい》はバーベルなどで筋力《きんりょく》トレーニングをするのではなく、なわとびなどで適度《てきど》に筋力《きんりょく》、体力《たいりょく》を高《たか》めましょう。苦《くる》しくなるまでやらず、すこしキツイくらいの回《かい》数《すう》が体力《たいりょく》アップにつながります。

POINT

同《おな》じリズムで

背《せ》すじを伸《の》ばし、疲《つか》れてきてもアゴを上《あ》げないように。同《おな》じリズムでとび続《つづ》けます。最《さい》初《しょ》は50回《かい》くらいから、慣《な》れてきたら回数《かいすう》を増《ふ》やし、3セットくらい行《おこな》いましょう。

問題《もんだい》 32 初級《しょきゅう》

スライディングは、なんのためにやるのでしょうか？

1. かっこよくできると
セーフにしてくれるから
2. 相手《あいて》の守備者《しゅびしゃ》を
妨害《ぼうがい》するため
3. 全速力《ぜんそくりょく》で走《はし》っても
確実《かくじつ》に止《と》まれるから

\ヒント/
hint

走塁《そうるい》はセーフになることが目的《もくてき》です。また、だれもケガをしないほうがいいですね。正解《せいかい》はどれでしょう？

 答《こた》えがわかったらページをめくってね

32の答《こた》え ▼ 3

全速力《ぜんそくりょく》で走《はし》っても確実《かくじつ》に止《と》まれるから

なんで

体《からだ》に無理《むり》なく塁上《るいじょう》でストップ

全力《ぜんりょく》で走《はし》ると急《きゅう》には止《と》まれません。ベースで確実《かくじつ》に止《と》まれるようにスライディングします。スピードに乗《の》って滑《すべ》れば、時間《じかん》がかかることもありません。足《あし》からのスライディングはベースの2メートルくらい手前《てまえ》から上体《じょうたい》をそらしながら腰《こし》を低《ひく》くして入《はい》り、右足《みぎあし》を前《まえ》に出《だ》して体《からだ》をななめに傾《かたむ》けて滑《すべ》り出《だ》します。右足《みぎあし》をじょじょに伸《の》ばし、左足《ひだりあし》をじょじょに曲《ま》げ、左側《ひだりがわ》のお尻《しり》で滑《すべ》ります。ヘッドスライディングは次《つぎ》のページで説明《せつめい》しますが、どちらも故意《こい》に守備者《しゅびしゃ》に体当《たいあ》たりするとケガにつながり、「守備妨害《しゅびぼうがい》」にもなるので、安全《あんぜん》なスライディングを覚《おぼ》えましょう。

トライ！ まずは座《すわ》ってスライディング

足裏《あしうら》をついて座《すわ》った姿勢《しせい》から左手《ひだりて》をついて左足《ひだりあし》に重心《じゅうしん》を乗《の》せます。左手《ひだりて》を支点《してん》に体重《たいじゅう》をかけ両足《りょうあし》を勢《いきお》いよく前《まえ》に投《な》げ出《だ》します。慣《な》れてきたら、少《すこ》し手前《てまえ》から走《はし》ってやってみましょう。じょじょに距離《きょり》を延《の》ばし、スピードをつければ全速力《ぜんそくりょく》でできるようになります。

問題《もんだい》33 中級《ちゅうきゅう》

ヘッドスライディングの動作《どうさ》のイメージはどれでしょう？

もっとケガを
防止《ぼうし》したいときは、
手袋《てぶくろ》をすることもあるね

目線《めせん》を低《ひく》くして
滑《すべ》るイメージに
一番近《いちばんちか》いのはどれかな？

1. ぞうきんがけ
2. 垂直跳《すいちょくと》び
3. 水泳《すいえい》の飛《と》びこみ

＼ヒント／
hint

ヘッドスライディングも足《あし》からのスライディングと同《おな》じで、セーフになることが目的《もくてき》です。スピードを落《お》とさずに、かつケガをしないで済《す》むのはどのイメージで滑《すべ》ったときでしょうか？

☞ 答《こた》えがわかったらページをめくってね

33の答《こた》え

▼

1

ぞうきんがけ

飛《と》びこまずに下《した》から滑《すべ》りこむ

頭《あたま》から滑《すべ》りこみ、手《て》でベースをタッチするのがヘッドスライディングです。前《まえ》にジャンプして飛《と》びこむのではなく、手《て》のひらを地面《じめん》につけて滑《すべ》ります。上体《じょうたい》が高《たか》い位置《いち》にあったり、顔《かお》から地面《じめん》に飛《と》びこもうとすると怖《こわ》くなり、反射的《はんしゃてき》にヒザから落《お》ちようとしてしまいます。低《ひく》い姿勢《しせい》から滑《すべ》り出《だ》せば怖《こわ》くないので、練習《れんしゅう》してみましょう。

▲ヒザから落《お》ちている

▲ベースに近《ちか》いうえ体《からだ》がよじれている

トライ! リターンスライディングで怖《こわ》さバイバイ

ベースから3歩《ぽ》進《すす》みます。振《ふ》り返《かえ》って戻《もど》りながら腰《こし》をかがめ、両手《りょうて》を地面《じめん》について滑《すべ》らせる「リターンスライディング」をします。自然《しぜん》な形《かたち》でベースにタッチしましょう。腰《こし》をかがめたときに、目線《めせん》を落《お》としぞうきんがけポーズを意識《いしき》して行《おこな》います。ターン、(地面《じめん》に手《て》を) タッチ、スーッとテンポよく。

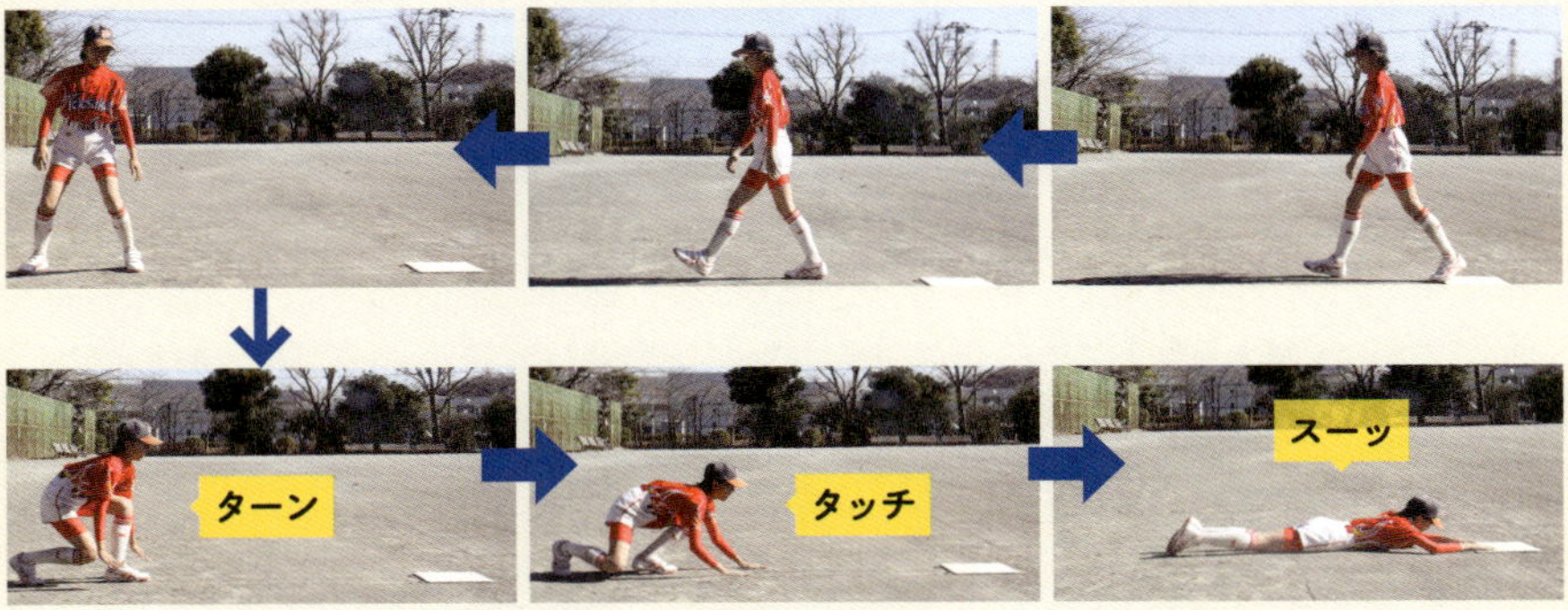

問題《もんだい》

34

中級《ちゅうきゅう》

塁上《るいじょう》にいるときのかまえで、正《ただ》しいのはどれでしょう？

1 右足前《みぎあしまえ》でベースをはさむ

2 左足前《ひだりあしまえ》でベースをはさむ

3 右足前《みぎあしまえ》でベースをはさまない

ヒント
hint

短距離走《たんきょりそう》のスタートのときはどんなかまえをしているでしょう。そこにヒントがありそうです。

34の答《こた》え▼

全部正解《ぜんぶせいかい》!

▲リリースの瞬間《しゅんかん》に走《はし》り始《はじ》める

なんで

スタートが切《き》りやすければいい

ソフトボールは野球《やきゅう》と違《ちが》い、投手《とうしゅ》の手《て》からボールが離《はな》れる前《まえ》にリードをとってしまうと「離塁《りるい》アウト」になります。打者《だしゃ》が打《う》ったときや捕手《ほしゅ》がそらしたときに、すぐにスタートを切《き》れるようにしておきましょう。ヒザを曲《ま》げて、体《からだ》はまっすぐにし、球《たま》を確認《かくにん》しながら準備《じゅんび》しておきます。下半身《かはんしん》に力《ちから》が入《はい》るスタートしやすい形《かたち》は人《ひと》によって違《ちが》います。ベースをスターティングブロックのように使《つか》ってもいいので、打球《だきゅう》に反応《はんのう》しやすい姿勢《しせい》でかまえましょう。投球《とうきゅう》の間《あいだ》に走《はし》り、次《つぎ》の塁《るい》をねらう「盗塁《とうるい》」のときもかまえは同《おな》じです。投手《とうしゅ》のフォームとタイミングを確認《かくにん》し、かまえからスタートのときに頭《あたま》の高《たか》さが変《か》わらないように全力《ぜんりょく》で走《はし》りましょう。

POINT

離塁《りるい》アウトに注意《ちゅうい》しよう

ソフトボールでは、投手《とうしゅ》の手《て》からボールが離《はな》れるまでは、走者《そうしゃ》が塁《るい》に触《ふ》れていなければいけません。その前《まえ》に塁《るい》から離《はな》れてしまうと「離塁《りるい》アウト」になります。1球《きゅう》ごとに塁《るい》に戻《もど》って、またリードして、というように進塁《しんるい》の準備《じゅんび》をしましょう。なお、キャッチャーからのけん制《せい》はあるので、リードは身長《しんちょう》と手《て》の長《なが》さを合《あ》わせたくらいの距離《きょり》が理想《りそう》です。急《いそ》いで戻《もど》るときは、リターンスライディングの要領《ようりょう》で手《て》から戻《もど》りましょう。

問題《もんだい》 35 上級《じょうきゅう》

一死《いっし》であなたは三塁《さんるい》ランナーです。打者《だしゃ》が大《おお》きなセンターフライを打《う》ちました。さぁ、どうする？

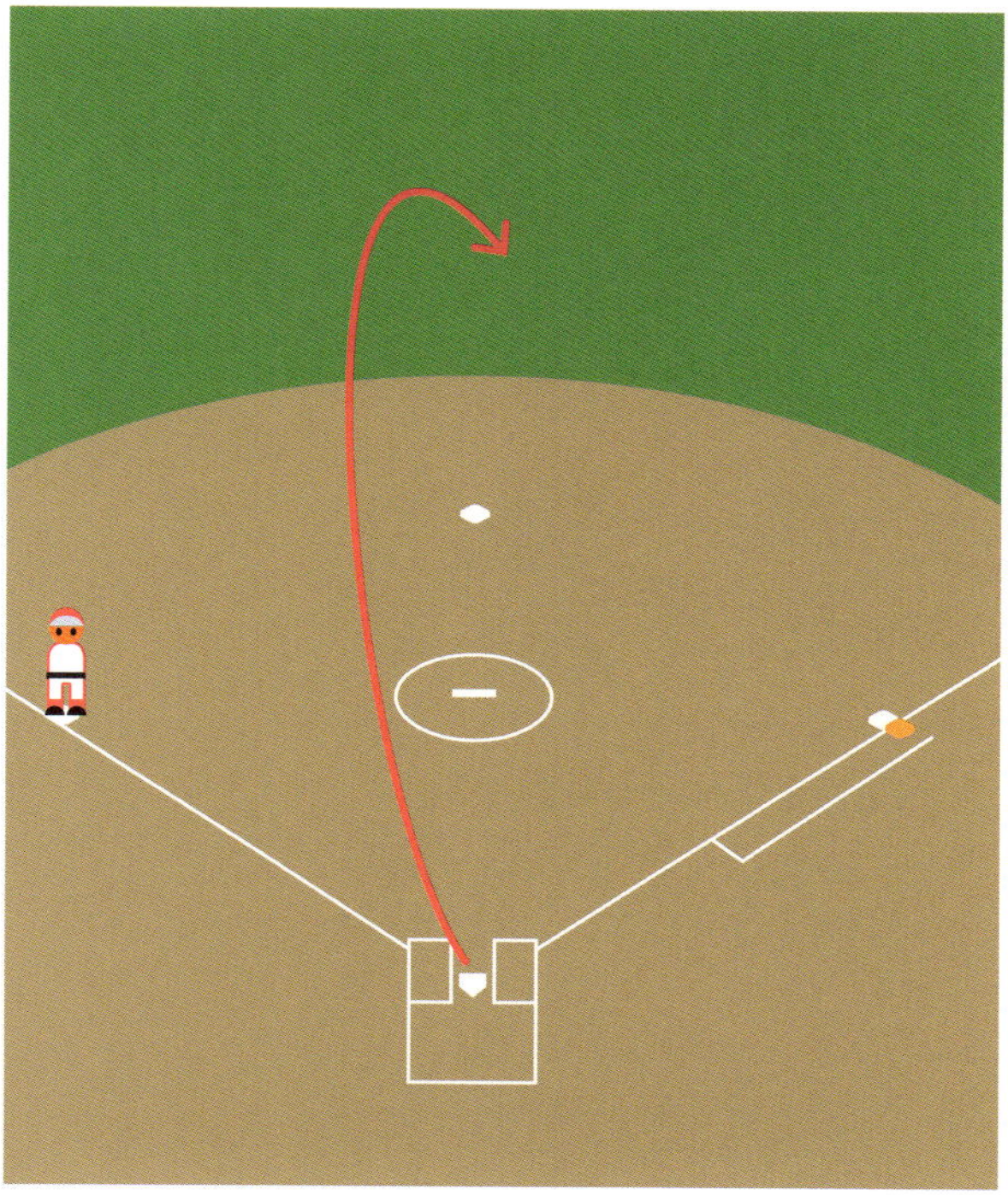

ヒント hint

得点《とくてん》のチャンスなので、走者《そうしゃ》はアウトになるわけにはいきませんね。一目散《いちもくさん》に本塁《ほんるい》へ向《む》かうか、中堅手《ちゅうけんしゅ》がフライを捕球《ほきゅう》するまで三塁《さんるい》ベースの上《うえ》で待《ま》つか、塁間《るいかん》で様子《ようす》を見《み》ていることにするか……。

35の答《こた》え

センターが捕球《ほきゅう》するまで三塁上《さんるいじょう》で待《ま》つ

◀センターが捕球《ほきゅう》した瞬間《しゅんかん》に本塁《ほんるい》へ向《む》かって走《はし》り出《だ》そう

なんで

「タッチアップ」というルールがある！

走者《そうしゃ》は、フライが上《あ》がったら野手《やしゅ》が捕球《ほきゅう》する瞬間《しゅんかん》に塁《るい》についていなければいけません。リードしていた場合《ばあい》も必《かなら》ず塁上《るいじょう》に戻《もど》って、捕球《ほきゅう》を確認《かくにん》してスタートを切《き》りましょう。これを「タッチアップ」といいます。

セーフになるためにも、盗塁《とうるい》のときのような姿勢《しせい》でかまえておきましょう。体《からだ》の向《む》きは次《つぎ》の塁《るい》に向《む》けて、首《くび》もしくは目線《めせん》だけでボールの行方《ゆくえ》を追《お》えるのがベストです。また、守備《しゅび》の中継《ちゅうけい》や送球《そうきゅう》がよく、アウトになりそうだと思《おも》ったら、元《もと》の塁《るい》に戻《もど》るという選択肢《せんたくし》もあることを覚《おぼ》えておいてくださいね。

POINT

どんなフライでもタッチアップできる

外野《がいや》フライ、内野《ないや》フライ、ファウルフライでもフライならすべてタッチアップができます。ある程度《ていど》、経験《けいけん》をつまないと判断《はんだん》がむずかしいので、一塁《いちるい》／三塁《さんるい》コーチの指示《しじ》を受《う》けるのもいいでしょう。

第《だい》 7 章《しょう》

ルールを覚《おぼ》えて 試《し》合《あい》をしよう

ルールを頭《あたま》に入《い》れて試合《しあい》で練習《れんしゅう》の成果《せいか》を出《だ》そう

いよいよ試合《しあい》だ！

きそを身《み》につけ上達《じょうたつ》してくると試《し》合《あい》に出《だ》られる機会《きかい》が増《ふ》えてくると思《おも》います。試合《しあい》は技術的《ぎじゅつてき》なことだけでなく、ルールを覚《おぼ》えていることや一瞬《いっしゅん》の状況判断《じょうきょうはんだん》が大切《たいせつ》になってきます。

最初《さいしょ》に試合《しあい》に出《で》るときは、代打《だいだ》や代走《だいそう》、守備《しゅび》だけなど専門的《せんもんてき》なワンポイントの場合《ばあい》もあるかもしれません。そのときの決《き》まりがあり、ソフトボールだけの独特《どくとく》なルールも定《さだ》められているので、自分《じぶん》の役割《やくわり》を果《は》たすためにもしっかりと覚《おぼ》えておきましょう。

試合《しあい》は真剣勝負《しんけんしょうぶ》ですが、練習《れんしゅう》で一《いっ》生懸命《しょうけんめい》やってきたことを精《せい》いっぱい出《だ》して楽《たの》しんでほしいのです。堂々《どうどう》とプレーするために知識《ちしき》を頭《あたま》に入《い》れて試合《しあい》にそなえましょう。

野球《やきゅう》は9回《かい》、
サッカーは45分《ふん》ハーフ
（1試合《しあい》90分《ふん》）、
バスケットボールは10分《ぶん》が
1クオーター（1試合《しあい》40分《ぶん》）だね

問題《もんだい》 36
初級《しょきゅう》

試合《しあい》は何回《なんかい》までやるでしょう？

1 7回《かい》

2 9回《かい》

3 15回《かい》

ヒント
hint

アウトが3つで攻守交代《こうしゅこうたい》、攻撃《こうげき》と守備《しゅび》が交代《こうたい》して（「表《おもて》」と「裏《うら》」と呼《よ》びます）1回《かい》です。

答《こた》えがわかったらページをめくってね

36の答《こた》え

▼

7回《かい》

POINT

国際《こくさい》ルールは7回《かい》と決《き》められている ただし時間制《じかんせい》の場合《ばあい》もあり

国際試合《こくさいじあい》などの正式《せいしき》な試合《しあい》は7回《かい》（イニング）です。小学生《しょうがくせい》は時間制《じかんせい》の試合《しあい》であれば、90分《ぶん》で行《おこな》う場合《ばあい》もあります。決《き》められた時間《じかん》を過《す》ぎてからは新《あたら》しいイニングに入《はい》りません。また、点差《てんさ》が大《おお》きくなると「コールドゲーム」で試合《しあい》が打《う》ち切《き》りになりますが、リーグや地域《ちいき》によって異《こと》なるので事前《じぜん》に確認《かくにん》しておきましょう。

7回終了《かいしゅうりょう》（時間制《じかんせい》の最終回《さいしゅうかい》）時点《じてん》で同点《どうてん》の場合《ばあい》は、8回《かい》から「タイブレーカー」というルールにより、試合《しあい》を継続《けいぞく》します。

これ知《し》ってる？

タイブレーカー

8回《かい》の表《おもて》（延長戦《えんちょうせん》）から、無死走者二塁《むしそうしゃにるい》で攻撃《こうげき》を始《はじ》めます。得点《とくてん》が入《はい》り決着《けっちゃく》がつきやすいように、走者《そうしゃ》がいる状態《じょうたい》で行《おこな》うのです。二塁走者《にるいそうしゃ》は前《まえ》の回《かい》の最後《さいご》に打撃《だげき》を終《お》えた選手《せんしゅ》とし、打者《だしゃ》は前《まえ》の回《かい》から引《ひ》き続《つづ》き正《ただ》しい打順《だじゅん》の打者《だしゃ》になります。

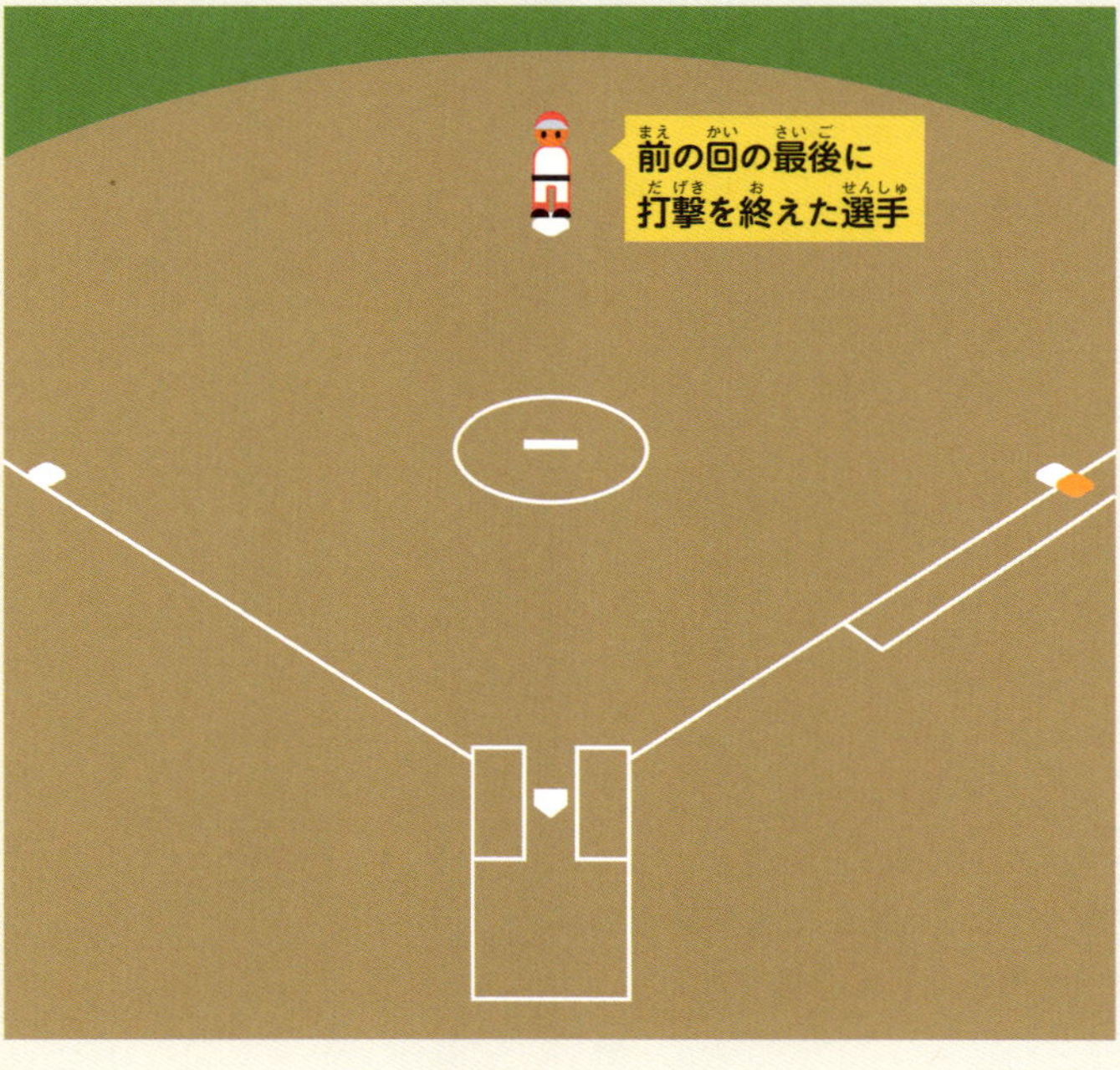

問題《もんだい》 37
中級《ちゅうきゅう》

ベースを踏《ふ》むだけではなく、タッチプレーをしなければいけないのはどんなとき?

1. 本塁《ほんるい》でプレーが行《おこな》われるとき
2. 走者《そうしゃ》が前《まえ》の塁《るい》に戻《もど》ることができる場合《ばあい》
3. 走者《そうしゃ》がスライディングしてきたとき

\ヒント/
hint

ソフトボールの試合《しあい》で見《み》たことがあるかもしれませんね。また、野球《やきゅう》でも同《おな》じです。

37の答《こた》え ▶ 2 走者《そうしゃ》が前《まえ》の塁《るい》に戻《もど》ることができる場合《ばあい》

なんで

必《かなら》ず進塁《しんるい》するケースは「フォースプレー」
進塁《しんるい》するかどうか選《えら》べるケースは「タッチプレー」

走者《そうしゃ》が必《かなら》ず次《つぎ》の塁《るい》に進《すす》まなければいけないときは、その塁《るい》をボールを持《も》った守《しゅ》備者《びしゃ》が踏《ふ》むことでアウトが成立《せいりつ》します。これを「フォースアウト」と呼《よ》びます。

走者《そうしゃ》が元《もと》の塁《るい》に戻《もど》ることができる場合《ばあい》は、ベースを踏《ふ》んでも、走者《そうしゃ》が帰塁《きるい》すればセーフなのでタッチが必要《ひつよう》になります。

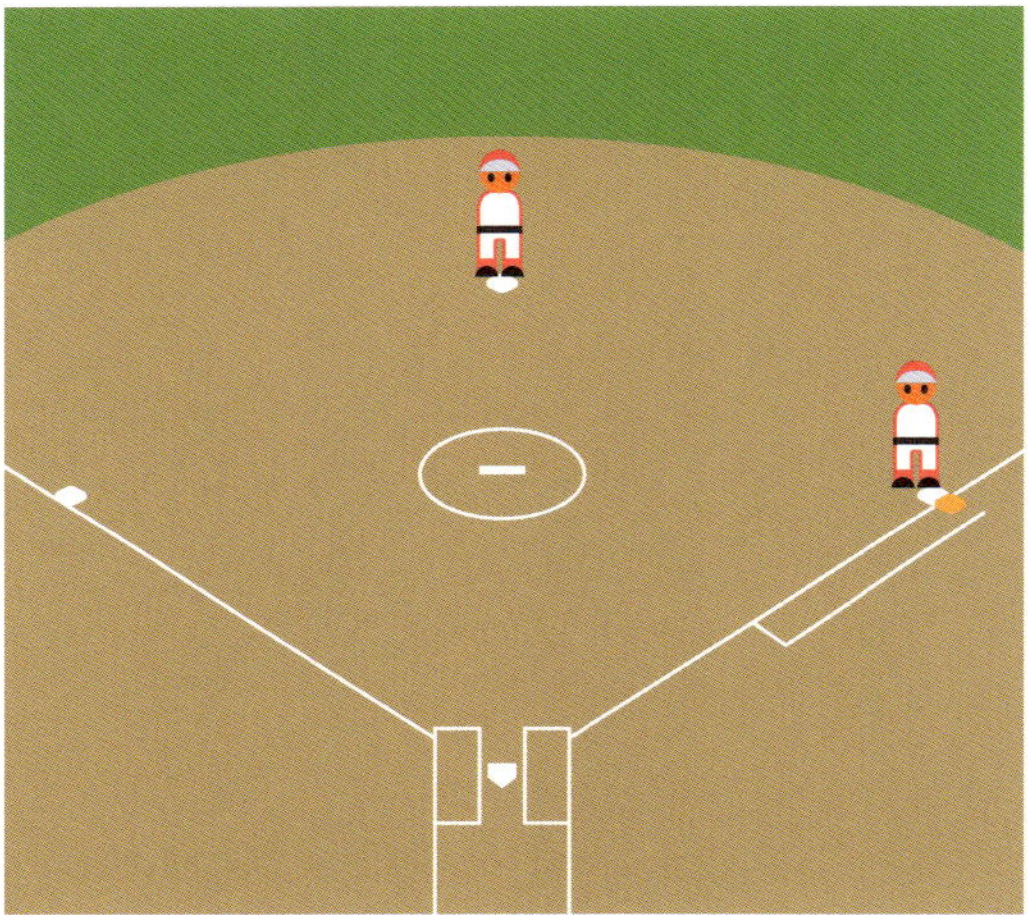

フォースプレー

ピッチャー、キャッチャー、野手《やしゅ》がボールを保持《ほじ》した状態《じょうたい》で塁《るい》を踏《ふ》んでアウトにする方法《ほうほう》。塁《るい》がつまっていて、ランナーが必《かなら》ず進塁《しんるい》しないといけない場合《ばあい》に使《つか》う。

〈例《れい》〉走者一二塁《そうしゃいちにるい》

打者走者《だしゃそうしゃ》が一塁《いちるい》にくるので、それぞれの走者《そうしゃ》は必《かなら》ず次《つぎ》の塁《るい》に進《すす》まなければなりません。つまりフォースアウトのケースです。ボールを持《も》った守《しゅ》備者《びしゃ》が三塁《さんるい》ベースを踏《ふ》めば二塁走者《にるいそうしゃ》が、同《おな》じく二塁《にるい》ベースを踏《ふ》めば一塁《いちるい》走者《そうしゃ》がアウトになります。

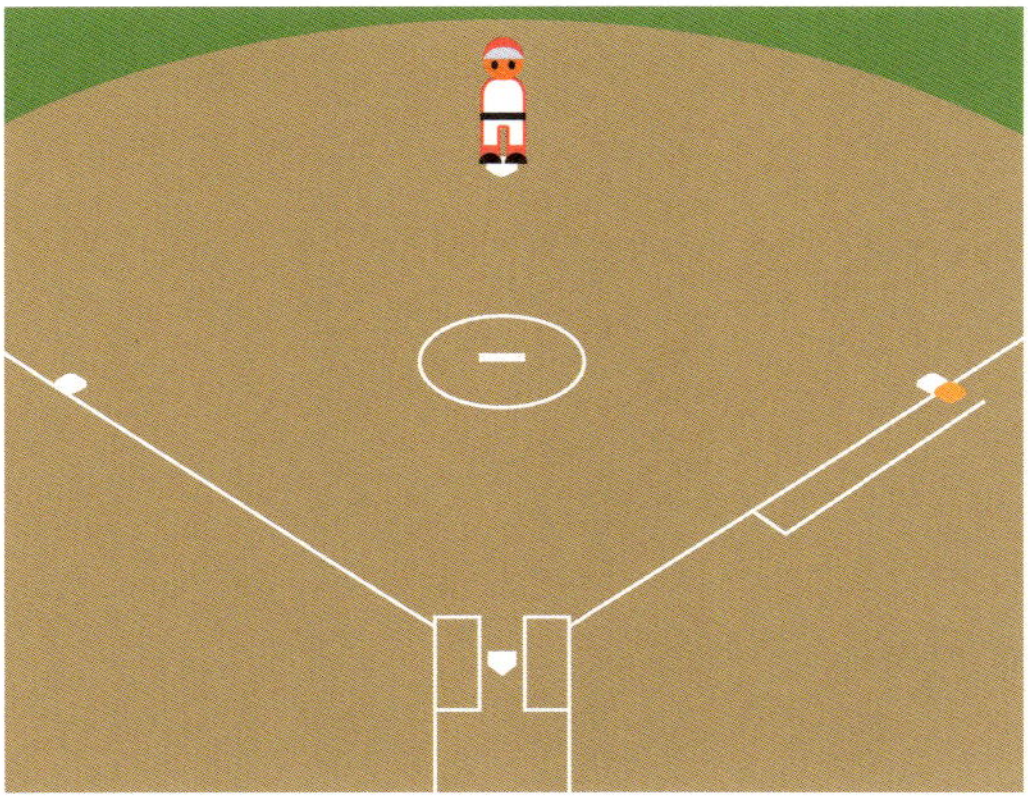

タッチプレー

ピッチャー、キャッチャー、野手《やしゅ》がボールを持《も》った手《て》もしくはボールをつかんでいるグラブで直接《ちょくせつ》ランナーに触《ふ》れてアウトにする方法《ほうほう》。塁《るい》がつまっていない場合《ばあい》に使《つか》う。

〈例《れい》〉走者二塁《そうしゃにるい》

二塁走者《にるいそうしゃ》は、間《ま》に合《あ》わないと判断《はんだん》すれば進塁《しんるい》しなくてもいいケースです。つまり、タッチプレーになります。

問題《もんだい》 38 上級《じょうきゅう》 中級

自分《じぶん》の打順《だじゅん》で代打《だいだ》を出《だ》されました。打席終了《だせきしゅうりょう》後《ご》、自分《じぶん》は試合《しあい》に戻《もど》れる？

1 戻《もど》れる

2 戻《もど》れない

ヒント
hint

このルールは「自分《じぶん》」が先発選手《せんぱつせんしゅ》（スターティングメンバー）の場合《ばあい》に適用《てきよう》されます。

38の答《こた》え
▼
1 戻《もど》れる

たくさんの選手《せんしゅ》に
出場《しゅつじょう》するチャンスが
あるということだね！

なんで

一度《いちど》だけ戻《もど》れる「リエントリー」

試合《しあい》の先発選手《せんぱつせんしゅ》は、いったん試合《しあい》を退《しりぞ》いても、いつでも一度《いちど》に限《かぎ》り再出場《さいしゅつじょう》することができる、「リエントリー」というルールがあります。ただし、自分《じぶん》の元《もと》の打順《だじゅん》を受《う》け継《つ》いだ選手《せんしゅ》と交代《こうたい》しなければなりません。相手《あいて》チームにもわかるように、監督《かんとく》が審判《しんぱん》に申《もう》し出《で》てから交代《こうたい》します。

POINT

人《ひと》さし指《ゆび》と中指《なかゆび》でボールをはじく 投《な》げ終《お》わりは親指《おやゆび》が下《した》

ソフトボールを投《な》げるときに人《ひと》さし指《ゆび》と中指《なかゆび》を使《つか》う選手《せんしゅ》であれば、バレーボールを投《な》げるときもそれらの指《ゆび》でリリースすること。また、投《な》げ終《お》わりは親指《おやゆび》が下《した》を向《む》くようにします。小指《こゆび》が下《した》を向《む》いてしまっている場合《ばあい》は投《な》げ方《かた》がよくないので修正《しゅうせい》しましょう。

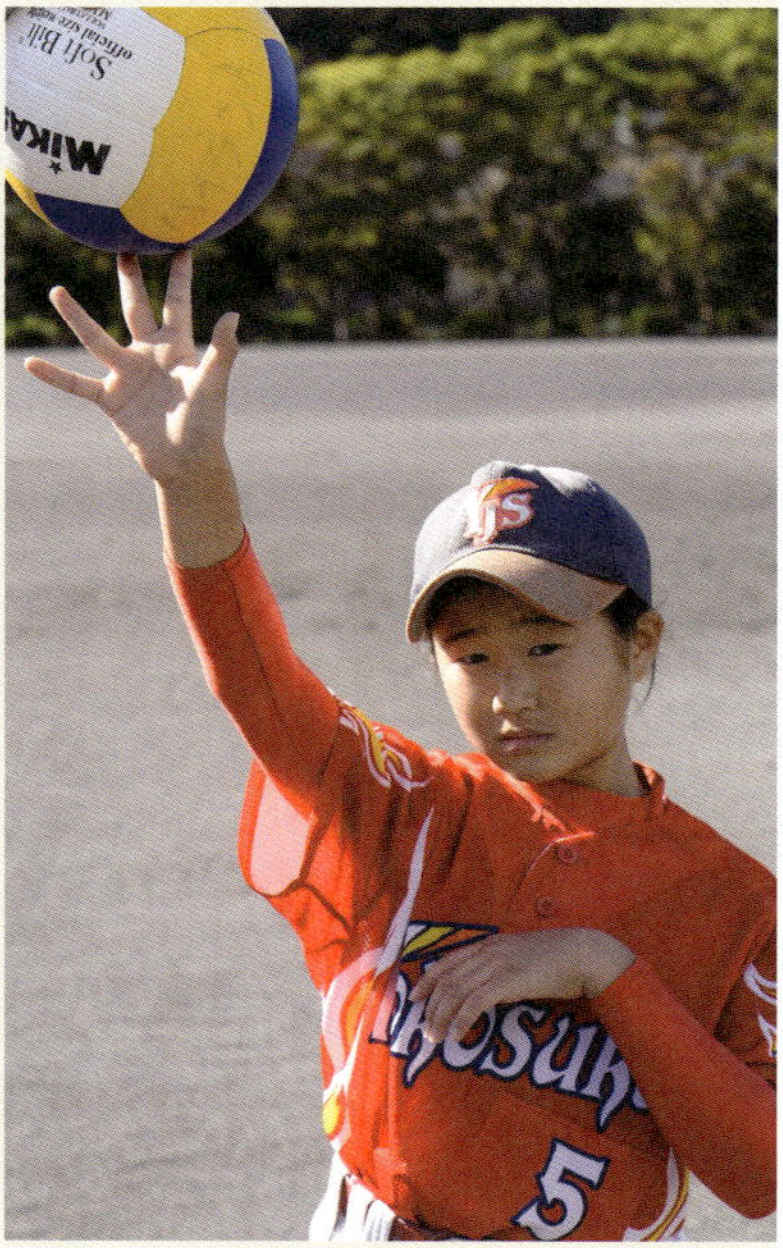

これ知《し》ってる？

「DP」と「FP」って何《なに》？

打撃専門選手《だげきせんもんせんしゅ》の「DP」と守備専門選手《しゅびせんもんせんしゅ》の「FP」

DP（DESIGNATED PLAYER）とは打撃専門《だげきせんもん》の指名選手《しめいせんしゅ》のことで、1人《ひとり》の守備《しゅび》者《しゃ》の打撃時《だげきじ》だけ専門《せんもん》で打《う》ちます。どの守備《しゅび》者《しゃ》につけてもいいのですが、試合前《しあいまえ》に打順表《だじゅんひょう》に書《か》かなくてはいけません。DPの守備者《しゅびしゃ》が守備専門《しゅびせんもん》のFP（FLEXPLAYER）になります。

DP、FPが先発選手《せんぱつせんしゅ》であれば、ほかの選手《せんしゅ》と同《おな》じように、だれかと交代《こうたい》して試合《しあい》から退《しりぞ》いても一度《いちど》に限《かぎ》り「リエントリー」（再出場《さいしゅつじょう》）することができます。自分《じぶん》の元《もと》の打順《だじゅん》を受《う》け継《つ》いだ選手《せんしゅ》との交代《こうたい》になります。

トライ！ バレーボール投《な》げで力強《ちからづよ》く投《な》げる練習《れんしゅう》

2人一組《ふたりひとくみ》でバレーボールを投《な》げ合《あ》いましょう。

やりかた

バレーボールのサイズは大《おお》きいですが、投《な》げるときの力《ちから》の入《い》れ方《かた》はソフトボールと同《おな》じです。リリースする瞬間《しゅんかん》にギュッと力《ちから》をボールに与《あた》えることでコントロールよく力強《ちからづよ》くボールを投《な》げることができます。挑戦《ちょうせん》してみましょう。バレーボールを使《つか》うのは、大きなボールのほうが回転《かいてん》がわかりやすいからです。人《ひと》さし指《ゆび》と中指《なかゆび》でボールをしっかりはじくことができれば、力《ちから》がきちんと伝《つた》わって力強《ちからづよ》いボールが飛《と》んでいきます。

これ知《し》ってる？ 試合《しあい》の流《なが》れを覚《おぼ》えておこう

メンバー表《ひょう》を審判《しんぱん》に渡《わた》す

試合《しあい》の前《まえ》に監督《かんとく》が先発選手《せんぱつせんしゅ》を決《き》め、メンバー表《ひょう》に名前《なまえ》と背番号《せばんごう》を書《か》きこみ、審判《しんぱん》に渡《わた》します。両《りょう》チームの監督《かんとく》がメンバー表《ひょう》を交換《こうかん》します。

攻守決定《こうしゅけってい》のコイントス

どちらが先《さき》に攻撃《こうげき》するかは、コインが上《うえ》になったほうのチームが選《えら》べます。たとえばコインの表《おもて》はＡチーム、裏《うら》はＢチームと決《き》めてコインを投《な》げ、地《じ》面《めん》に落《お》ちたときに表《おもて》が上《うえ》になっていたら、Ａチームに選択権《せんたくけん》があるということです。

シートノック

試合《しあい》が始《はじ》まる前《まえ》に時間《じかん》が与《あた》えられ、各守備位置《かくしゅびいち》についてノックを受《う》けます。グラウンドや自分《じぶん》の調子《ちょうし》など感覚《かんかく》をつかんでおきましょう。

あいさつをしてプレイボール

お互《たが》いベンチ入《い》りの選手《せんしゅ》が一直線《いっちょくせん》に並《なら》び、審判《しんぱん》の合図《あいず》で礼《れい》をします。攻守《こうしゅ》の準備《じゅんび》が整《ととの》い「プレイボール」がかかったら試合開始《しあいかいし》です。

試合終了後《しあいしゅうりょうご》、あいさつ

審判《しんぱん》が手《て》をあげ「ゲーム」と宣告《せんこく》したら試合終了《しあいしゅうりょう》です。勝《か》っても負《ま》けても相《あい》手《て》チームや審判《しんぱん》に感謝《かんしゃ》し、審判《じんぱん》の合図《あいず》でしっかりあいさつしましょう。

問題《もんだい》 39
上級《じょうきゅう》
中級

フライがまだ空中《くうちゅう》にあるのに「アウト」のジャッジをされました。どうして？

1 10 m以上高《いじょうたか》く上《あ》げた場合《ばあい》はアウトになる

2 動《うご》かないで捕《と》れるフライは空中《くうちゅう》でアウトといわれる

3 「インフィールドフライ」というルールがある

＼ヒント／
hint

アウトカウントは無死《むし》もしくは一死《いっし》、走者一二塁《そうしゃいちにるい》または満塁《まんるい》の状況《じょうきょう》を想定《そうてい》しています。ゴロだった場合《ばあい》は絶対《ぜったい》に進塁《しんるい》しないといけませんね。守備者《しゅびしゃ》がフライを捕球《ほきゅう》すればいいですが、もし落《お》としたら……。

答《こた》えがわかったらページをめくってね

39の答《こた》え ▶ 3 「インフィールドフライ」というルールがある

なんで

インフィールドフライで打者《だしゃ》はアウト

内野手《ないやしゅ》が通常《つうじょう》の守備行為《しゅびこうい》をすれば確実《かくじつ》に捕球《ほきゅう》できると判断《はんだん》された場合《ばあい》、「インフィールドフライ」が宣告《せんこく》され、野手《やしゅ》が捕球《ほきゅう》するしないにかかわらず打者《だしゃ》はアウトになります。

落《お》とすかもしれない可能性《かのうせい》があるのに打者《だしゃ》がアウトになる、不思議《ふしぎ》なルールだと思《おも》うかもしれません。そもそも、フライが上《あ》がるとランナーは進塁《しんるい》せずベースに戻《もど》りますね。しかし、守備者《しゅびしゃ》がわざと落球《らっきゅう》することでダブルプレーをねらえるケースです。じつは攻撃側《こうげきがわ》を守《まも》っているルールなのです。塁上《るいじょう》のランナーは守備者《しゅびしゃ》が落球《らっきゅう》しても進塁《しんるい》せずに元《もと》の塁《るい》にいることができます。

POINT

成立《せいりつ》する条件《じょうけん》を整理《せいり》しておこう

次《つぎ》に示《しめ》す状況《じょうきょう》になったら、インフィールドフライがありうることを走者《そうしゃ》、守備者《しゅびしゃ》ともに覚《おぼ》えておきましょう。

- 無死《むし》　走者一二塁《そうしゃいちにるい》
- 一死《いっし》　走者一二塁《そうしゃいちにるい》
- 無死《むし》　満塁《まんるい》
- 一死《いっし》　満塁《まんるい》

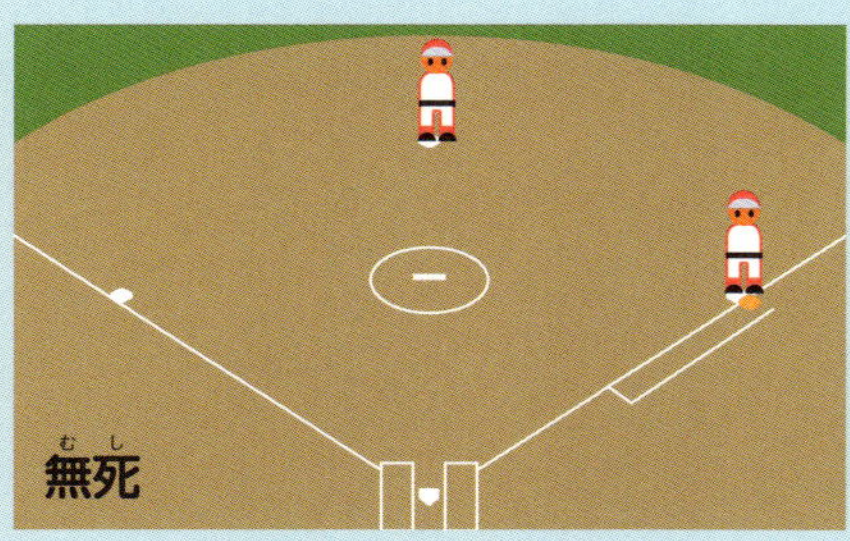

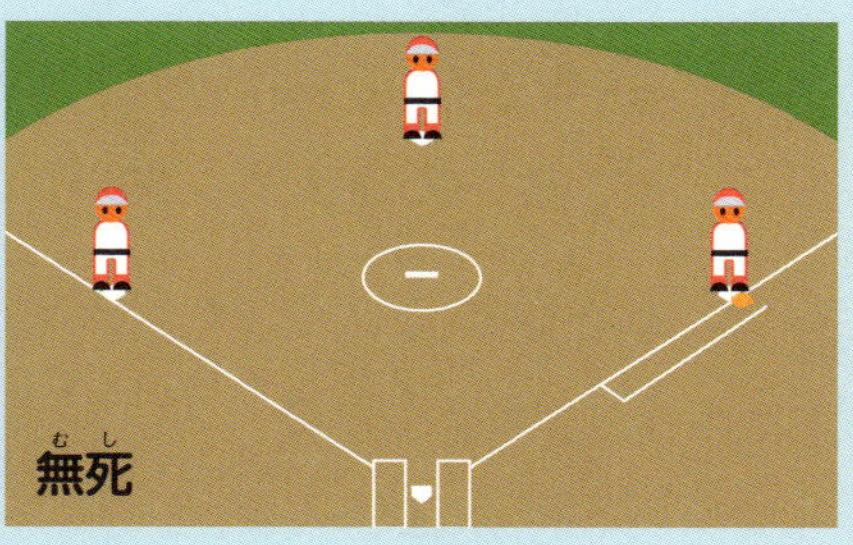

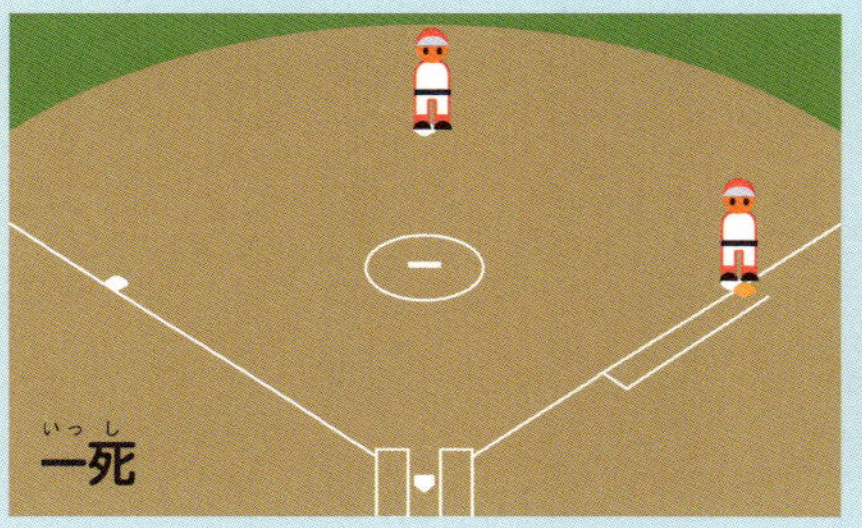

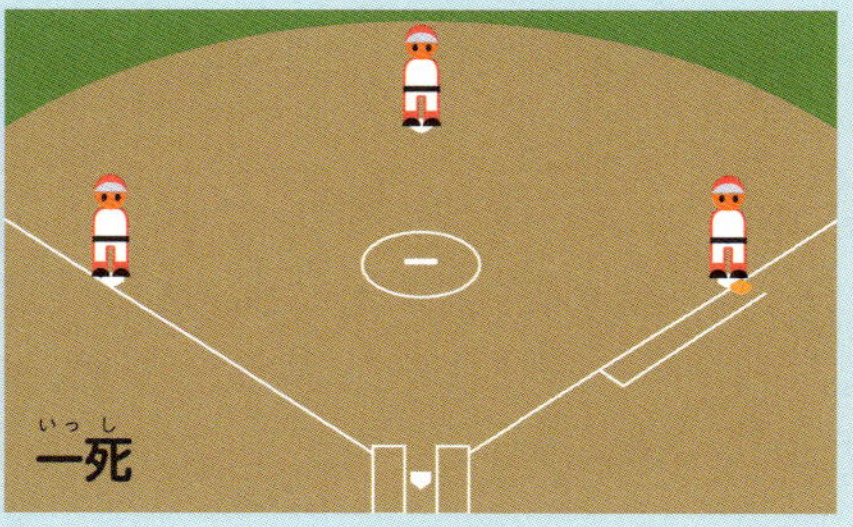

ストライクゾーン以外《いがい》の
空間《くうかん》に投《な》げられたときは
「ボール」だね

問題《もんだい》 40 上級《じょうきゅう》

ヒットを打《う》つと出塁《しゅつるい》できますが、そうでない場合《ばあい》も出塁《しゅつるい》できます。どんな場合《ばあい》でしょう？

1. 相手《あいて》チームが「故意四球《こいしきゅう》」にすると申《もう》し出《で》たとき
2. 1回《かい》の打席《だせき》で「ボール」が4つになったとき
3. ユニフォームの一部《いちぶ》に投球《とうきゅう》がかすったとき

\ヒント/
hint

打者《だしゃ》の目線《めせん》で考《かんが》えてみましょう。72ページのおさらいです。

40の答《こた》え

1
2
3

どれも出塁《しゅつるい》できる

死球《しきゅう》が成立《せいりつ》するためには
スイング（バットを振《ふ》ること）を
していないことが必須《ひっす》だよ

ワンバウンドしていても
よけていれば
死球《しきゅう》は認《みと》められるんだ

なんで

四球《しきゅう》や死球《しきゅう》で出塁《しゅつるい》することがある

ボール球《だま》が4つになると四球《しきゅう》（フォアボール）となり、打者《だしゃ》は出塁《しゅつるい》することができます。投球《とうきゅう》が打者《だしゃ》に当《あ》たった場合《ばあい》は死球《しきゅう》となり、出塁《しゅつるい》できます。ユニフォームの一部《いちぶ》に当《あ》たったり、ワンバウンドの球《たま》が当《あ》たったりしても死球《しきゅう》になりますが、ストライクゾーンを通過《つうか》する球《たま》や故意《こい》に体《からだ》を出《だ》して当《あ》たりにいったときは死球《しきゅう》になりません。

POINT

投手《とうしゅ》が 4 球《きゅう》投《な》げなくても「故意四球《こいしきゅう》」で出塁《しゅつるい》できる

たとえば走者一二塁《そうしゃいちにるい》の場面《ばめん》で、守備《しゅび》チームが満塁《まんるい》にしてどの塁《るい》でもアウトをとりやすくする場合《ばあい》、わざとフォアボールにして出塁《しゅつるい》させることがあります。「敬遠《けいえん》」とも呼《よ》ばれます。ソフトボールでは4球《きゅう》投《な》げなくても、監督《かんとく》が故意四球《こいしきゅう》にすることを審判《しんぱん》に申《もう》し出《で》ると、何球目《なんきゅうめ》でも打者《だしゃ》は出塁《しゅつるい》できます。

問題 41 上級/中級

一死二塁でショートゴロになりました。
あなたがショートならどうしますか？
また、あなたが二塁走者ならどうしますか？

ショートは「遊撃手」と呼ばれることもある、内野の花形ポジションだね

ショート／走者

\ヒント/
hint
実力が互角なチーム同士の試合で、1点を取るか取られるかの緊迫したシーンです。守備者の目線と走者の目線、それぞれ考えてみましょう。

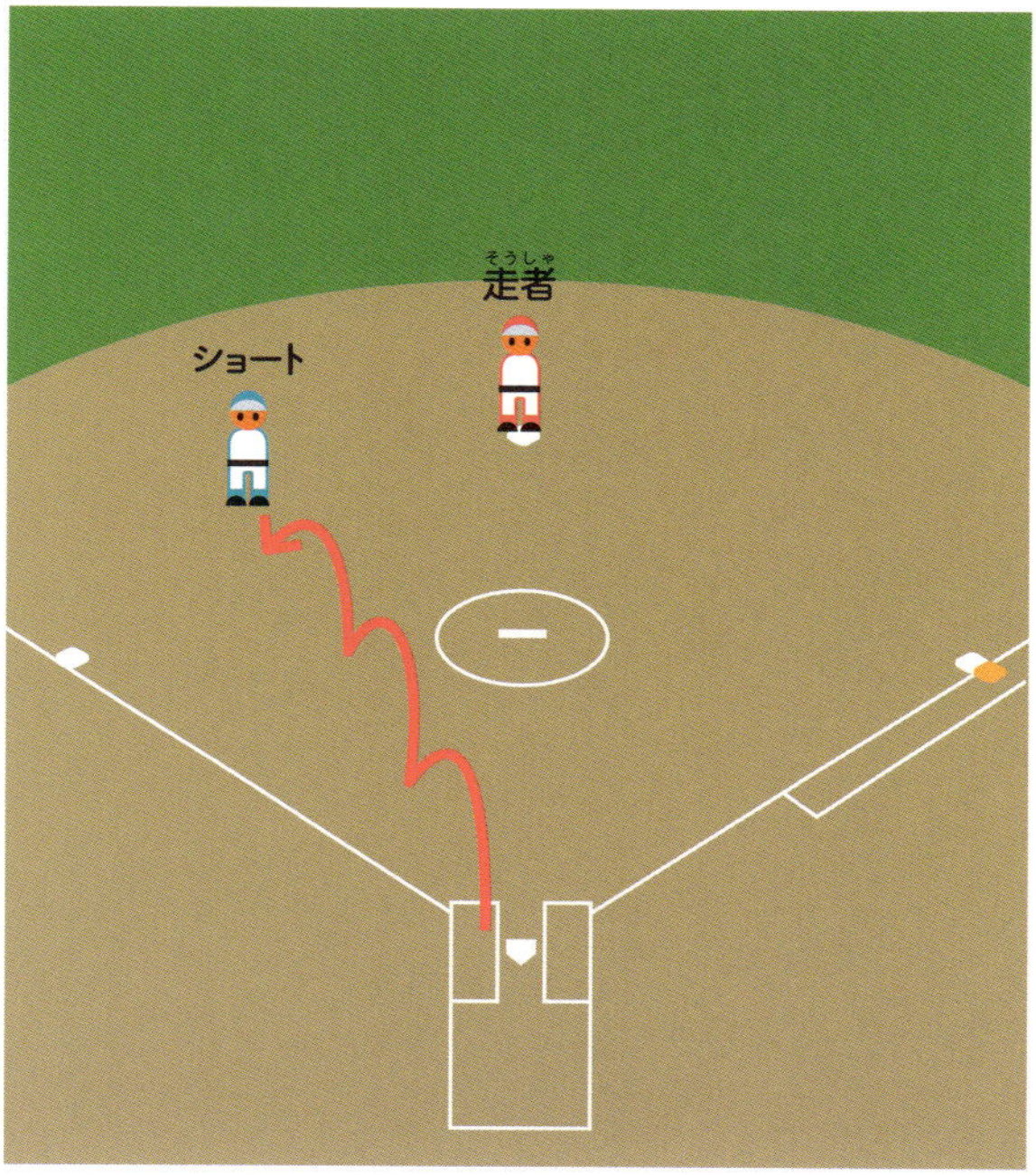

41の答《こた》え　あなたが守備者《しゅびしゃ》の場合《ばあい》（ショート）

考《かんが》えられる選択肢《せんたくし》

1　すぐに三塁《さんるい》に投《な》げる

2　すぐに一塁《いちるい》に投《な》げる

3　走者《そうしゃ》を見《み》ながら判断《はんだん》

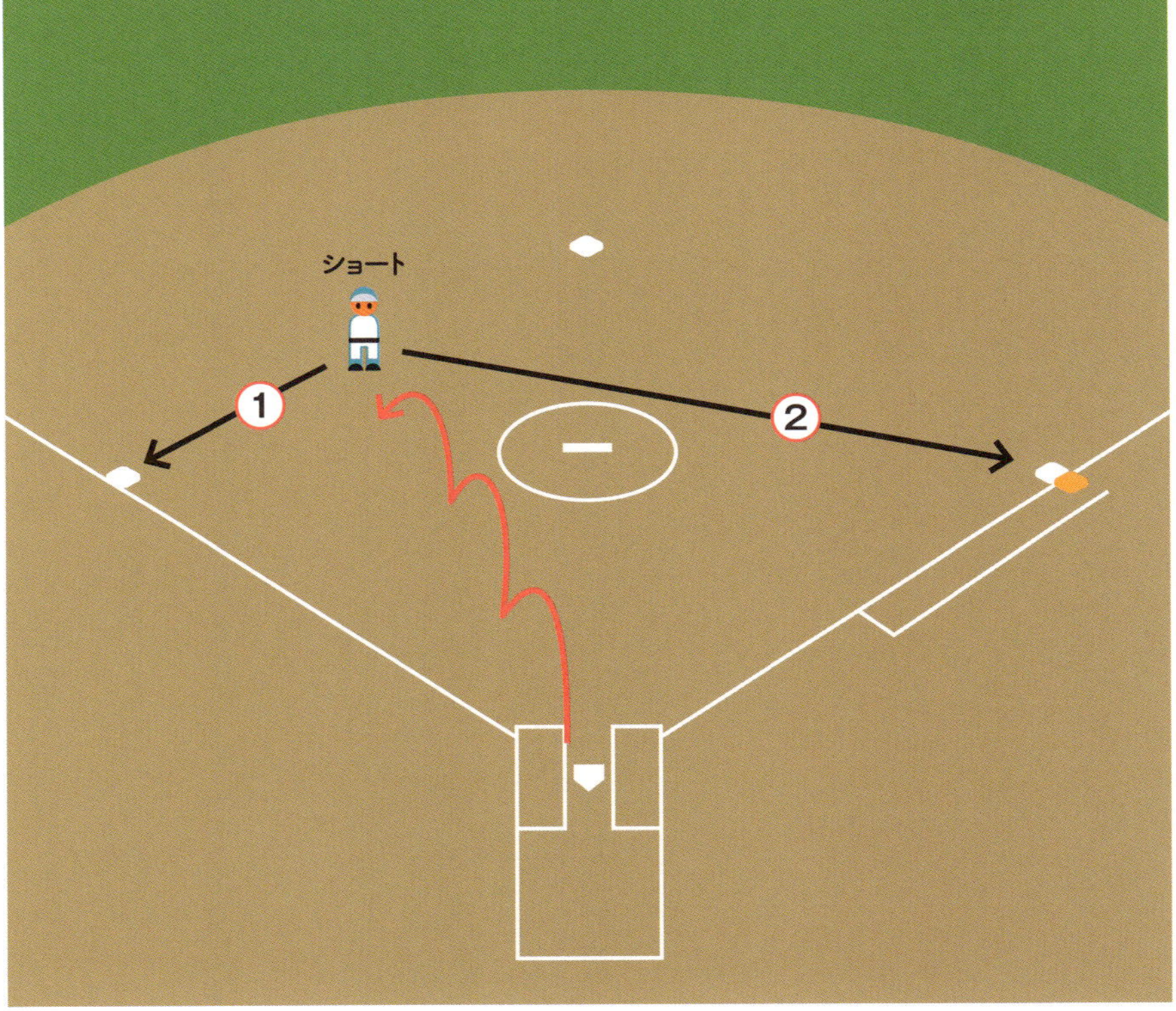

このケースでは、二塁走者《にるいそうしゃ》はタッチプレーです。走者《そうしゃ》が三塁《さんるい》に向《む》かって走《はし》っていたり、リードが大《おお》きい場合《ばあい》は走者《そうしゃ》をアウトにすることをねらいます。走者《そうしゃ》がすぐに二塁《にるい》に戻《もど》ってしまうようなら打者走者《だしゃそうしゃ》をアウトにしましょう。上級者《じょうきゅうしゃ》になってくると、一塁《いちるい》に投《な》げるふり（偽投《ぎとう》）をして二塁《にるい》ランナーをおびき出《だ》してから、二塁《にるい》ランナーにタッチするというプレーもありえます。いずれの場合《ばあい》も、どのプレーにするか素早《すばや》く判断《はんだん》しないと二塁走者《にるいそうしゃ》も打者走者《だしゃそうしゃ》もセーフにしてしまうので気《き》をつけましょう。

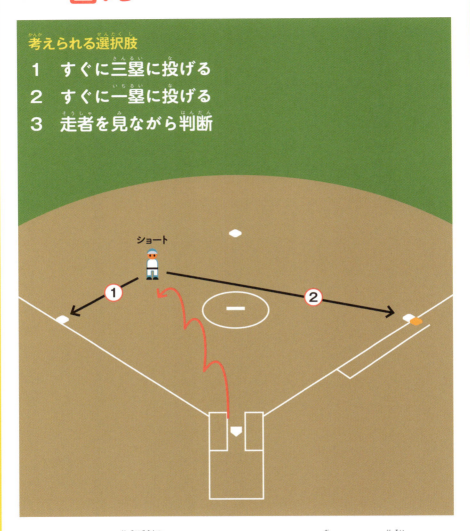

41の答《こた》え　あなたが二塁走者《にるいそうしゃ》の場合《ばあい》

考《かんが》えられる選択肢《せんたくし》

1　全力《ぜんりょく》で三塁《さんるい》に走《はし》る

2　二塁《にるい》で待《ま》つ

3　守備《しゅび》を見《み》ながら判断《はんだん》

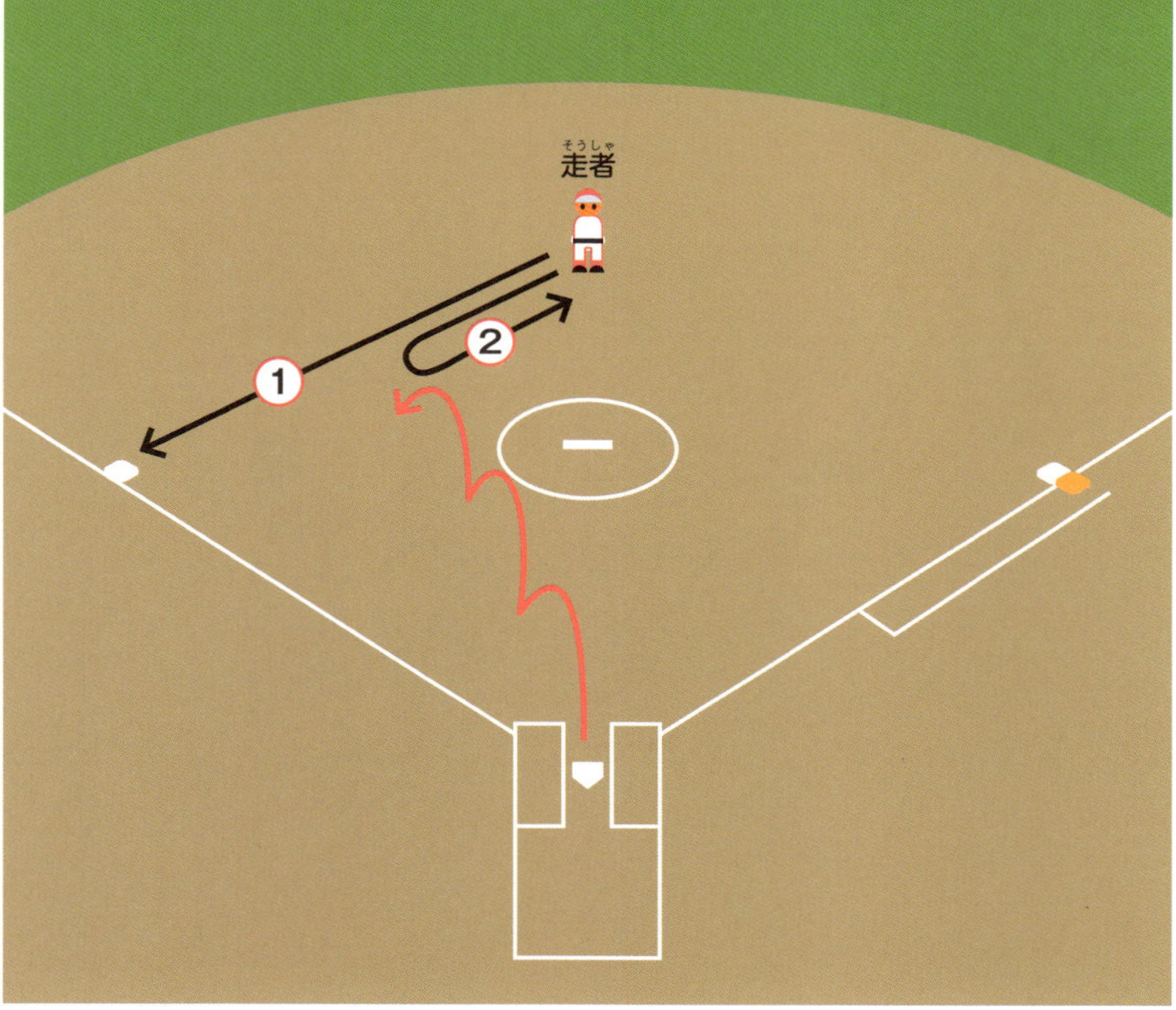

　ソフトボールにおいて、走者二塁《そうしゃにるい》は「スコアリングポジション」と呼《よ》ばれることもあり、得点《とくてん》のチャンスです。アウトにならないようにしつつ進塁《しんるい》したいですね。考《かんが》えられるのは、投球《とうきゅう》の瞬間《しゅんかん》にリードしておき、ゴロが打《う》たれた瞬間《しゅんかん》に三塁《さんるい》へ全力疾走《ぜんりょくしっそう》するケース。また、リードした状態《じょうたい》で待《ま》っておき、ショートが一塁《いちるい》に投《な》げたら三塁《さんるい》へ向《む》かうケースがあります。守備《しゅび》の動《うご》きやコーチの指示《しじ》を確認《かくにん》して動《うご》きましょう。上級者《じょうきゅうしゃ》になると、守備者《しゅびしゃ》のミスを誘《さそ》って走者一二塁《そうしゃいちにるい》、あるいは走者一三塁《そうしゃいちさんるい》などのチャンスをつくることができるようになります。

これ知《し》ってる？

挟殺《きょうさつ》プレーは前《まえ》の塁《るい》に追《お》いこもう

走者《そうしゃ》が塁《るい》の間《あいだ》にいて野手《やしゅ》がはさんでタッチアウトにするプレーを挟殺《きょうさつ》プレー（ランダウンプレー）といいます。野手《やしゅ》が互《たが》いに前《まえ》に進《すす》み距離《きょり》を縮《ちぢ》めながら走者《そうしゃ》を追《お》いこみます。早《はや》くボールを投《な》げてしまうと走者《そうしゃ》は折《お》り返《かえ》して逃《に》げてしまうので、ボールを見《み》せて前《まえ》の塁《るい》に追《お》いながら、野手《やしゅ》の捕《と》りやすいボールを投《な》げます。ボールのやり取《と》りが多《おお》いとミスをしやすかったり、打者《だしゃ》に逃《に》げきられやすかったりします。少《すく》ない回数《かいすう》でアウトにできるようにしましょう。

上級者《じょうきゅうしゃ》になったら
覚《おぼ》えておきたいプレーだね。
守備者同士《しゅびしゃどうし》の呼吸《こきゅう》を
合《あ》わせることが大切《たいせつ》だよ

もっと
上達《じょうたつ》するための
ヒント

みんなで楽《たの》しめる
ソフトボール
もっと上達《じょうたつ》するためには？

老若男女《ろうにゃくなんにょ》に愛《あい》されている「ソフトボール」ですが、じつは競技《きょうぎ》スポーツとして勝敗《しょうはい》を競《きそ》うとき、レクリエーションとして楽《たの》しむとき、学校体育《がっこうたいいく》のとき……など、ルールに違《ちが》いがあることを知《し》っていましたか？　ピッチャーが速《はや》い球《たま》を投《な》げるのは「ファストピッチ」と呼《よ》びます。オリンピックや部活動《ぶかつどう》、私《わたし》たちのチームで取《と》り組《く》んでいるのがこのファストピッチです。それに対《たい》して、レクリエーションとして親《した》しまれているのが山《やま》なりの打《う》ちやすい球《たま》を投《な》げる「スローピッチ」、学校体育用《がっこうたいいくよう》にアレンジされたのが「学校《がっこう》体育《たいいく》ソフトボール」です。さらに親子《おやこ》が参加《さんか》できる「ミニソフトボール」もあります。性別《せいべつ》や年齢《ねんれい》を超《こ》えて楽《たの》しめる人気《にんき》スポーツです。

私《わたし》はもっと上達《じょうたつ》するためには、技術《ぎじゅつ》を磨《みが》いたりルールを知《し》ったりすることだけではなく、心《こころ》の部分《ぶぶん》も磨《みが》いていくことが必要《ひつよう》だと思《おも》っています。これからいくつかご紹介《しょうかい》していきます。

もっと
上達《じょうたつ》するための
ヒント

試合《しあい》は練習《れんしゅう》！
練習《れんしゅう》は試合《しあい》！

試合《しあい》のときには、今《いま》までちゃんと練習《れんしゅう》をやってきたから大丈夫《だいじょうぶ》！　という思《おも》いで臨《のぞ》みます。とくに選手《せんしゅ》には「振《ふ》り返《かえ》ることはない、発表会《はっぴょうかい》だから恐《おそ》れずに、失敗《しっぱい》してもいいから気持《きも》ちで攻《せ》めてプレーしよう！」と声《こえ》をかけています。緊張《きんちょう》をしていたら、ちょっと笑《わら》ってしまうようなくだらない話《はなし》をするときもあります。ジタバタしても仕方《しかた》ありません。「練習《れんしゅう》は試合《しあい》、試合《しあい》は練習《れんしゅう》」と考《かんが》えて取《と》り組《く》んでみましょう。

試合《しあい》に勝《か》つといいことはたくさんあります。練習《れんしゅう》の成果《せいか》が出《で》たり、勝《か》ってチームメイトと喜《よろこ》べたりすることはもちろん、たくさんの人《ひと》から「おめでとう」といってもらえたり、家《いえ》でごちそうが出《で》たり、プレゼントをもらえることもあるかもしれません。そのためにやるわけではありませんが、勝《か》ったときのごほうびを楽《たの》しみに伸《の》び伸《の》びとプレーしてみましょう。

もっと
上達《じょうたつ》するための
ヒント

監督《かんとく》・コーチと信頼《しんらい》しあい一体感《いったいかん》を大事《だいじ》に成長《せいちょう》しよう

私《わたし》は練習《れんしゅう》では、選手《せんしゅ》ができたことに対《たい》して、ちょっとの変化《へんか》でもほめています。たとえば競争心《きょうそうしん》の少《すく》ない子《こ》には、「○○ちゃんは○○だからいいね！」と、ほかの子《こ》を具体《ぐたい》的《てき》にほめると真似《まね》しようとしてくれます。できるようになったら「○○ちゃんもできるようになったね！」と声《こえ》をかけています。子《こ》ども目線《めせん》に立《た》って個性《こせい》を尊重《そんちょう》することを心《こころ》がけ、なんでよいのか、悪《わる》いのかを伝《つた》えるようにしています。

指導者《しどうしゃ》と壁《かべ》があるより、なんでも話《はな》せる信頼関係《しんらいかんけい》があるほうが、素直《すなお》に受《う》け止《と》められ、上達《じょうたつ》も早《はや》いと思《おも》います。

お母《かあ》さん方《がた》からも「試合《しあい》でほめられてイキイキとやっている」「子《こ》ども同士《どうし》で声《こえ》をかけあうようになった」「人前《ひとまえ》で意見《いけん》が言《い》えるようになった」などの声《こえ》が聞《き》かれます。一体《いったい》感《かん》を大事《だいじ》に、子《こ》どもが思《おも》いきりやれる環境《かんきょう》をつくることが大切《たいせつ》だと思《おも》います。選手《せんしゅ》のみなさんは、気《き》になることがあったら、監督《かんとく》、コーチを信頼《しんらい》して話《はな》しあってみましょう。

もっと
上達《じょうたつ》するための
ヒント

日本女子《にほんじょし》
ソフトボールが世界一《せかいいち》に
2008年《ねん》オリンピックで金《きん》メダル

みなさんには大《おお》きな夢《ゆめ》をもってほしいので、オリンピックの話《はなし》をしたいと思《おも》います。ソフトボール（女子種目《じょししゅもく》）がオリンピックの正式競技《せいしききょうぎ》になったのは、1996年《ねん》のアトランタオリンピックからです。体格《たいかく》やパワーに優《すぐ》れ、圧倒的《あっとうてき》な強《つよ》さを誇《ほこ》るアメリカを倒《たお》すことは、日本代表《にほんだいひょう》の夢《ゆめ》であり憧《あこが》れでした。しかし96年《ねん》アトランタ、00年《ねん》シドニー、04年《ねん》アテネと3大会連続《たいかいれんぞく》でアメリカが金《きん》メダルを獲得《かくとく》。さらには正式種目《せいしきしゅもく》からの除外《じょがい》が05年《ねん》に決《き》まり、2008年《ねん》の北京《べきん》オリンピックが世界一《せかいいち》になれる最後《さいご》のチャンスとなってしまいました。

チーム全員《ぜんいん》が「世界一《せかいいち》になる」という目標《もくひょう》をもってオリンピックに臨《のぞ》み、そしてついに決勝《けっしょう》で、アメリカを3対《たい》1で破《やぶ》ったのです。投手《とうしゅ》の上野由岐子選手《うえのゆきこせんしゅ》は3試合連続《しあいれんぞく》での完投勝利《かんとうしょうり》、主将《しゅしょう》の山田恵里選手《やまだえりせんしゅ》は決勝《けっしょう》で本塁打《ほんるいだ》を放《はな》つなど各選手《かくせんしゅ》が大活躍《だいかつやく》を見《み》せてくれました。チームワークでつかんだ世界一《せかいいち》でした。そんな当時《とうじ》の選手《せんしゅ》たちは現在《げんざい》、選手《せんしゅ》や指導者《しどうしゃ》として活躍《かつやく》しています。気《き》になる人《ひと》は調《しら》べてみるといいでしょう。

もっと
上達《じょうたつ》するための
ヒント

2020年《ねん》
東京《とうきょう》オリンピックで復活《ふっかつ》
ソフトボールを盛《も》り上《あ》げよう

　2008年《ねん》の北京《べきん》オリンピックを区切《くぎ》りに正式種目《せいしきしゅもく》から除外《じょがい》された野球《やきゅう》・ソフトボールですが、2020年《ねん》の東京《とうきょう》オリンピックの追加種目《ついかしゅもく》に選《えら》ばれました。開催都市《かいさいとし》が追加種目《ついかしゅもく》を推薦《すいせん》できる制度《せいど》があったこともプラスになり、野球《やきゅう》・ソフトボール、空手《からて》、サーフィン、スポーツクライミング、スケートボードの5競技《きょうぎ》18種目《しゅもく》がセットで提案《ていあん》され、2020年大会《ねんたいかい》で実施《じっし》されることが決《き》まりました。前回金《ぜんかいきん》メダルのソフトボールは、2016年現在《ねんげんざい》の世界《せかい》ランキングが１位《い》ということもあり、メダルの獲得《かくとく》に期待《きたい》がかかります。世界《せかい》の一流選手《いちりゅうせんしゅ》の試合《しあい》を観《み》るのも勉強《べんきょう》になります。いつかは自分《じぶん》が出《で》るぞ！　というくらいの夢《ゆめ》をもって、世界《せかい》のプレーを観《み》てみましょう。

ソフトボール用語集(さくいん)

ア

アウト … 104・114～116・119・122・127・128・130・132～134
打者・走者が塁上に残れなくなること。3つのアウトで攻撃するチームが交代になる

インフィールドフライ … 127・128
無死または一死で、走者二塁もしくは満塁のときに成立するルールで、審判が宣告すればフライが空中にあっても打者走者はアウトになる

ウィンドミル … 39・40・42
腕を風車(ウィンドミル)のように一回転させて投げるソフトボールの投手の投法

エラー … 72・85・91・96
ゴロをはじいたり、フライを落としたりして、打者や走者を生かしてしまうこと

カ

外野 … 14
内野の後ろにあるフェアゾーン

カットプレー … 100
外野手がそれぞれの塁へ送球するときに、途中で内野手をはさんで送球すること

グリップ … 57・58・64
バットの握る部分

サ

サード(三塁手) … 14
三塁を守る野手

ショート(遊撃手) … 14・92・94・131～133
二塁と三塁の間を守っている野手

スイング … 56・57・62・64・66・67・72・76・130
振ること。バットを振ることや投球時の腕ふりを指す

スタンス … 60・61・76
打席でかまえたときの両足の形のこと

ステップ … 29・68・84・99・104
前の足を踏み出し体重を乗せかえること、または足を小刻みに動かすこと

ストライク … 18・20・50～52・72・76・77・129・130
打者が打撃をしようとするときのわきの下からヒザ頭の上部までの高さで、本塁上を通過した投球

スライディング … 12・16・109～112・114・121
グラウンドに滑りこむこと

スラップ … 74
打者がバッターボックスの中で走りながら打つ技術

スリーフットライン … 104
ファウルラインから0.91メートル外側に引かれている線

スリングショット … 42
投手が腕を一回転させずに投げる投法のこと

サ(続)

セーフ … 72～74・109・111・116・122・132
打者・走者が塁上に残ること

セカンド(二塁手) … 14・92・94
二塁を守る野手

走者(ランナー) … 115・122・128・131～133
塁上にいる攻撃側選手のこと

タ

タイブレーカー … 120
延長戦のときに適用されるルールのこと。無死走者二塁から攻撃を始める

打者(バッター) … 48・54・56・57・70・74
打席に立ち、投球を打つ選手

打者走者《だしゃそうしゃ》（バッターランナー）……20・70・92
打者《だしゃ》が打《う》ってから一塁《いちるい》に到達《とうたつ》するまでの走者《そうしゃ》のこと

打席《だせき》（バッターボックス）……18・61・69・70・73・74
打者《だしゃ》が投球《とうきゅう》を打《う》つ場所《ばしょ》

タッチ（タッチプレー・タッチアウト）……70・72・92・121・122・132・134
ボールを持《も》った野手《やしゅ》が走者《そうしゃ》に触《ふ》れること

タッチアップ……116
犠牲《ぎせい》フライで塁《るい》から次《つぎ》の塁《るい》へ進《すす》むこと

ダブルプレー……78・92〜94・128
連続《れんぞく》したプレーで二《ふた》つのアウトをとること

テイクバック……60・67
バッティングの際《さい》、強《つよ》くスイングするためにバットを後《うし》ろに引《ひ》くこと

投手《とうしゅ》（ピッチャー）……13〜15・17・51・78・122・135
打者《だしゃ》にボールを投《な》げる選手《せんしゅ》

トス……94
近《ちか》くにいる野手《やしゅ》に下《した》から軽《かる》くボールを放《ほう》ること

トップ……42〜44・53
投手《とうしゅ》が投《な》げるときに、ボールが頂点《ちょうてん》を通過《つうか》する瞬間《しゅんかん》の形《かたち》

ナ

内野《ないや》……14
フェアグラウンドのうち本塁《ほんるい》から三塁《さんるい》までの4つの塁《るい》を結《むす》んだ正方形《せいほうけい》の区域《くいき》

ハ

バット……10・12・14・56〜58・60・62・64〜67・70・76・77・130
打者《だしゃ》が投球《とうきゅう》を打《う》つときに使《つか》う道具《どうぐ》

ファースト（一塁手《いちるいしゅ》）……11・14
一塁《いちるい》を守《まも》る野手《やしゅ》

ファウル……18・20・76
フェアグラウンドの外《そと》（ファウルグラウンド）に飛《と》んだ打球《だきゅう》

ファウルライン……103・104
本塁《ほんるい》から一塁《いちるい》・三塁《さんるい》を結《むす》ぶライン

フォースプレー（フォースアウト）……122
走者《そうしゃ》が、塁《るい》が詰《つ》まっているなどで必《かなら》ず進塁《しんるい》しなければいけないケースで発生《はっせい》。守備者《しゅびしゃ》がボールを持《も》った状態《じょうたい》で塁《るい》を踏《ふ》むことでアウトが成立《せいりつ》する

フライ……22・75・78・80・87・88・97・98・115・116・127・128
高《たか》く打《う》ち上《う》げられた打球《だきゅう》

ブラッシング……46・54
投球《とうきゅう》の際《さい》にヒジの先《さき》と腰《こし》をこすり合《あ》わせること

ベースランニング……107
走者《そうしゃ》が先《さき》の塁《るい》に向《む》かって走《はし》ること

マ

捕手《ほしゅ》（キャッチャー）……11〜14・20・47・92・114・122
守備《しゅび》のときに投手《とうしゅ》の投球《とうきゅう》を受《う》ける選手《せんしゅ》

ミート……64・67
バットでボールをとらえること、とらえるポイント

ミット……11・72
ボールを捕《と》りやすく改良《かいりょう》されたグラブ。キャッチャーとファーストだけが使用《しよう》できる

ラ

ランダウンプレー（挟殺《きょうさつ》プレー）……134
塁間《るいかん》の走者《そうしゃ》をはさんでアウトにするプレー

リード……114・116・132・133
走者《そうしゃ》が投球後《とうきゅうご》に塁《るい》から離《はな》れること

リエントリー……124
先発選手《せんばつせんしゅ》に限《かぎ》り、いったん試合《しあい》を退《しりぞ》いても一度《いちど》だけ再出場《さいしゅつじょう》することができるルール

リリース……25・40・41・46・54・114・125
ボールを手《て》から放《はな》すこと。あるいは放《はな》すポイント（「リリースポイント」ともいう）

離塁《りるい》アウト……114
走者《そうしゃ》が、投手《とうしゅ》がボールを放《はな》す前《まえ》に塁《るい》から離《はな》れるとアウトになるというルール

おわりに

あいさつや礼儀《れいぎ》、仲間《なかま》を思《おも》う心《こころ》
ソフトボールを通《とお》して成長《せいちょう》しよう

　試合《しあい》に出《で》るようになると緊張《きんちょう》したり、不安《ふあん》になったりすることがあります。ある程度《ていど》の緊張感《きんちょうかん》は大切《たいせつ》ですが、思《おも》いきり伸《の》び伸《の》びとプレーするには、「これだけ練習《れんしゅう》してきたんだから大丈夫《だいじょうぶ》！」という自信《じしん》も必要《ひつよう》です。ふだんの練習《れんしゅう》から「こうなりたい」と目的意識《もくてきいしき》をもち、試合《しあい》では練習《れんしゅう》してきたことをぶつけて楽《たの》しんでほしいと思《おも》います。

　試合《しあい》や練習《れんしゅう》では大《おお》きな声《こえ》を出《だ》して盛《も》り上《あ》げたり、声《こえ》をかけ合《あ》ったりすることも大事《だいじ》なことです。礼儀《れいぎ》や返事《へんじ》、あいさつがしっかりできるチームは強《つよ》いチームが多《おお》いように思《おも》います。

　私《わたし》は15年間《ねんかん》、選手《せんしゅ》としてプレーしましたが、社会《しゃかい》に出《で》てからキャッチボールをほめられたことはありません。しかし、あいさつやマナー、仲間《なかま》への思《おも》いやり、一生懸命《いっしょうけんめい》に取《と》り組《く》む姿勢《しせい》は社会《しゃかい》でも評価《ひょうか》されます。小《ちい》さいうちから集団《しゅうだん》スポーツの中《なか》で身《み》につけたことは大人《おとな》になったときにも必《かなら》ず役《やく》に立《た》ちます。勝《か》つことも大事《だいじ》ですが、ソフトボールを通《とお》してたくさんのことを学《まな》んで成長《せいちょう》してほしいと思《おも》います。みなさんのこれからの活躍《かつやく》を楽《たの》しみにしています！

齊藤優季《さいとうゆき》

●著者《ちょしゃ》

齊藤優季《さいとうゆき》

1991年《ねん》生《う》まれ、神奈川県出身《かながわけんしゅっしん》。小学《しょうがく》2年生《ねんせい》のときに横須賀女子《よこすかじょし》でソフトボールを始《はじ》め、横須賀市立常葉中学校《よこすかしりつときわちゅうがっこう》を経《へ》て名門《めいもん》・木更津総合高校《きさらづそうごうこうこう》へ進学《しんがく》。2007年《ねん》佐賀《さが》インターハイ優勝《ゆうしょう》、09年《ねん》奈良《なら》インターハイ準優勝《じゅんゆうしょう》。日本《にほん》リーグ1部《ぶ》の日立《ひたち》ソフトウェア（現《げん》・日立《ひたち》ソフトボール部《ぶ》）にて3年間《ねんかん》プレーしたのち、横須賀女子《よこすかじょし》コーチを経《へ》て16年《ねん》より同監督《どうかんとく》。チームを県大会優勝《けんたいかいゆうしょう》、全国大会準優勝《ぜんこくたいかいじゅんゆうしょう》などへと導《みちび》いている。

●協力《きょうりょく》

白田英夫《しらたひでお》

横須賀女子代表責任者《よこすかじょしだいひょうせきにんしゃ》。神奈川県《かながわけん》ソフトボール協会理事《きょうかいりじ》、神奈川県少女《かながわけんしょうじょ》ソフトボール連盟理事長《れんめいりじちょう》など数々《かずかず》の役職《やくしょく》を務《つと》めている。

●撮影協力《さつえいきょうりょく》

横須賀女子《よこすかじょし》

1996年設立《ねんせつりつ》。全国有数《ぜんこくゆうすう》の強豪《きょうごう》チームであり、2016年夏《ねんなつ》に行《おこな》われた全日本小学生女子《ぜんにほんしょうがくせいじょし》ソフトボール大会《たいかい》で準優勝《じゅんゆうしょう》に輝《かがや》くなどの成績《せいせき》を誇《ほこ》る。チームのモットーは「ソフトボールを楽《たの》しもう」。楽《らく》と楽《たの》しいの違《ちが》いを選手《せんしゅ》たちにも意識《いしき》してほしいという願《ねが》いから、コツコツと基礎練習《きそれんしゅう》にも取《と》り組《く》むことで好成績《こうせいせき》を維持《いじ》している。

デザイン／有限会社ライトハウス	イラスト／丸口洋平
黄川田洋志、井上菜奈美、	写真／井出秀人、山本有二（平林金属）
藤本麻衣、山岸美菜子、	編集／山口愛愛
相川ひかる、岡村佳奈	佐久間一彦、松川亜樹子（ライトハウス）
明日未来（おおきな木）	編集協力／ソフトボールマガジン

クイズでスポーツがうまくなる
知ってる？ ソフトボール

2017年4月20日　第1版第1刷発行

著　者／齊藤優季（さいとうゆき）
発 行 人／池田哲雄
発 行 所／株式会社ベースボール・マガジン社
　　　　〒103-8482
　　　　東京都中央区日本橋浜町2-61-9 TIE浜町ビル
　　　　電話　　03-5643-3930（販売部）
　　　　　　　 03-5643-3885（出版部）
　　　　振替口座　00180-6-46620
　　　　http://www.sportsclick.jp/

印刷・製本／広研印刷株式会社

©Yuki Saito 2017
Printed in Japan
ISBN 978-4-583-10959-6　C2075

＊定価はカバーに表示してあります。
＊本書の文章、写真、図版の無断転載を禁じます。
＊本書を無断で複製する行為（コピー、スキャン、デジタルデータ化など）は、私的使用のための複製など著作権法上の限られた例外を除き、禁じられています。業務上使用する目的で上記行為を行うことは、使用範囲が内部に限られる場合であっても私的使用には該当せず、違法です。また、私的使用に該当する場合であっても、代行業者等の第三者に依頼して上記行為を行うことは違法になります。
＊落丁・乱丁が万一ございましたら、お取り替えいたします。